文茜說 世紀典範人物

陳文茜——著

不帶虛名的外衣走天涯——
邱吉爾、戴高樂、羅斯福

本書版稅全數捐贈台灣國際音樂家協會

序

與典範同行

他們的世紀瘋狂，腐敗，甚至沒有人性；他們卻一直活得清醒，孤獨，一定程度的豁達，終而死後成為世紀典範。

我不喜歡他們的故事被人遺忘。在這個以成功、權位成敗、短視地看歷史的年代，我們甚至比二十世紀的人，更需要他們。但他們走了，我們不能擁有他們的身影及領導，但至少我們還是可以擁有他們的故事。

在追逐他們一生的年年歲歲中，我們習得何謂長遠的眼光，了解良知及遠見並非注定孤獨，並且依託了我們心中仍然想擁抱的價值。

於是在這些偉人的傳記敘事中，我們找到了一起看時代的角度，習得自己逆境時如何自處的能力，也提醒身處順風時，你該為社會付出什麼。

三位典範人物五十年前或七十年前都已靜靜地躺下。當代無論多麼迷失胡鬧荒誕，世事都已與他們無關。與其說他們需要我們了解他們的故事，不如說我們需要他們的故事。在當代那麼多令人失望的政治表演裡，我們內心深處的沮喪，可以在他們的人生故事中，終而找到安慰。

原來邱吉爾也曾經這樣走出來的……原來戴高樂是如此蒼白地被趕出巴黎的……原來羅斯福總統日以繼夜完成的新政，曾經被美國大法官5:4部分判違憲……

原來對不是對，輸不是輸。原來歷史就充滿了荒謬性，原來人民就是善良與無情的混合物。

我的青春時期，凡他們三人之傳記、演說、著作：他們的淚，他們的痛，他們的冒險，他們的膽大，他們的榮耀感，他們的無私，他們的勇氣，他們的孤獨，他們的殞落，陪伴也貫穿我至少二分之一的人生。

如果這一生我曾經無所懼怕，笑看權力得失，明白時代本來大多時刻是由誤解與荒謬組成的，這些二十世紀典範人物，一直是我的精神依託。

他們的人生以渺小啓程，以偉大結尾。如果仔細閱讀，你會發現從邱吉爾、戴高樂到小羅斯福，沒有一個人從小立志當偉人。

使他們成為偉人的關鍵都是：無私。

邱吉爾小時候甚至被貴族爸爸視為廢物；小羅斯福除了心腸比一般人溫暖良善外，父母只希望他當個普通律師，管好家產；戴高樂出身法國中產階級家庭，他在乎的從來不是個人成就，而是法國戰敗的屈辱。

他們的人生往往從一個點開始，例如良知：邱吉爾在蘇丹看不慣英軍的屠殺，遞出辭呈，離開軍旅，之後意外走上政壇。二十六歲的政治明星，第一場演說，即道出了大英國四十五年後必然面臨的困境，以及一百年後的殞落。因為良知，他離開了軍隊，也因為良知，他選擇進入政壇不媚俗不歌頌偉大的日不落帝國，他坦承說出了國家的危機……之後他得到的當然不是掌聲，而是同黨議員及支持者的噓聲，很大的噓聲與怒罵聲。

那是他政壇的第一步。

詩人說：向著月亮出發，即使不能到達，也能站在群星之中。羅斯福從政的每一場選舉，都挑他的政黨民主黨過去必敗的選區。這太特別了！看看我們當代的政治精算師，再對比這些人，你會發現你心中篤信的美好，不是那麼可笑。因為這些精算師贏得的權力，永遠只是一時。

他們不會成為後代人們記載的典範人物。

你以為這些典範人物，只是上世紀的故事，彷彿已經永遠消失了。死亡不是失去了生命，只是走出了時間。他們不活在我們的當代，卻可以透過閱讀活在我們的心裡。

我們從典範人物在歷史時刻的自處裡，找到人性的高度。於是我們不必再相信那套成功邏輯，把自己的尊嚴往地底鑽，把自己的良知往黑暗裡遮蔽。我們不必再相信所有的成功都必須靠偽裝、靠忘記什麼叫良知。這些典範鼓勵了我們，使我們相信可以選取自己內心真實的聲音。

一部典範人物作品，不只是一本書。即使自小對他們的往事即倒背如流的我，每次重讀，都好像初讀那樣，帶來啟發。

因為人，很容易在潮流中，迷失，或是沮喪。

我們都只有一生，請不要糊裡糊塗地浪費這一生。墓穴裡躺著各種不同的軀體，有人好好為自己、為堅持某些良知、為國家的榮耀，活過一生。有人只是庸俗地永遠附和他人一生。

有一種寂寞，是不為身邊的人所了解的寂寞。還有一種寂寞，是茫茫天地之間，無邊無際之間，人竟然只能不斷模仿他人，始終活在沒有臉孔的狀態。

「地球正一點點的疏離月亮，據說每一百萬年就會陌生一秒，早在二十五億年前，我們便開始了漫長的別離。」

你是你？還是你是當代的、大眾的、風向的、順勢的……你在哪裡？你是否早已別離了自己？

不要輕易翻過這本書的任何一段，我相信它可以讓你的青春或是人生，留下更多瀟灑的印痕。

不必害怕，當他們三個典範人物陪同你時，世間沒有什麼值得害怕的事。

他們不是遠方星辰，因為此書，他們正陪伴在你身邊。

目錄

序：與典範同行——002

邱吉爾 一百年前，邱吉爾已預言大英帝國會垮台

第一講：從留級生到一舉成名的作家——012
第二講：戰地記者經驗，讓他對大英殖民主義充滿批評——024
第三講：南非：入獄越獄，膽識，從此改變邱吉爾——032
第四講：從戰地英雄變成政治明星——046
第五講：沒有人不犯錯，也沒有人是天縱英才——061
第六講：從受盡排擠噓聲，再度登上歷史舞台——073
第七講：《第二次世界大戰回憶錄》——088
第八講：戰時內閣與下野人生——100

第九講：這一生，受夠了！不必遺言——114

戴高樂

或許法國配不上這樣傑出的政治家

第一講：為法國而生，為法國而亡——126
第二講：遠見的另一個代名詞：孤獨與誤解——138
第三講：成立流亡政府，不投降的戴高樂——149
第四講：寬恕你的政敵，讓法國團結一致——163
第五講：看破戰後人性，瀟灑下野——174
第六講：「我的生命屬於法國，我的身體屬於家庭」——189

羅斯福 用盡生命為被遺忘的人民效勞

第一講：心存善良，或許是成為典範人物的前提——202
第二講：不當政治精算師，專挑民主黨落後選區——223
第三講：經濟大蕭條，一個小兒麻痺症的總統上台了——237
第四講：新政，美國歷史上沒有總統超越他——248
第五講：美國政治經濟史最大的革命——263
第六講：美國意外嚐盡二戰甜頭——275
第七講：永遠為被遺忘的人努力——290

邱吉爾

一百五十年前，邱吉爾誕生英國貴族世家。

一百三十年前，邱吉爾父親過世前，
不知道他的兒子將來是否只是一個廢物。

八十年前，邱吉爾領導英國擊退希特勒。

時勢不是造英雄，而是在時勢中，某些人的典範性格，
使他成為世紀英雄。

“一百年前，
邱吉爾已預言大英帝國會垮台”

第一講

從留級生到一舉成名的作家

出身貴族的他，沒有讀過大學，
考了三次才上了軍校預備班。
他比別人知道終生學習的重要，
也知道權力起伏，過往之眼。

我想為大家敘述的，是一些很特殊的世紀典範人物故事。你可以稱他們是偉人，也可以僅僅說他們是不凡的人。在他們的人生故事，我要各位同時看到的是他們的平凡，以及他們如何從平凡變成不平凡？偉人也有挫折，也要面對失敗。這是我想要講述他們的故事的一個主要原因。我們是他們，他們也是我們。

我第一個選擇的世紀典範人物，是家喻戶曉的人物，很多人知道他

邱吉爾莊園（Blenheim Palace）

的名字，但並不了解他的出身及從政的起伏。他就是溫斯頓．邱吉爾（Winston Churchill）。

邱吉爾誕生於一八七四年十一月三十日。他的母親是位美國大亨的女兒，根據某個考證，他的母親和美國羅斯福總統有血親關係。他的父親叫做魯道夫．邱吉爾（Randolph Churchill）。英國有個非常知名的莊園叫邱吉爾莊園，很多人以為那是他父親的家，其實那是他祖父的家。

邱吉爾的父親是第七代馬爾波羅公爵（The Duke of Marlborough）的第三個兒子。英國除了王室之外，公爵家族總共不超過二十個。馬爾波羅家族按照封爵的排序，大概是第十位。黛安娜王妃所屬的史賓賽家族，也沒有邱吉爾的家族地位來得高。

不過，當時的爵位與領地都是由長子繼承，邱吉爾的父親並非長子，因此只能在政府、軍隊等機構謀個差事。邱吉爾的父親最後從政，曾任職英國印度事務部大臣與財政大臣。

如果邱吉爾的人生就只有這麼簡單：媽媽是美國大亨的女兒，貴族爸爸坐了五月花號從英國來到北美，認識他媽媽，兩人結了婚，所以他也是個貴族……這個故事就太無聊了。

事實上，邱吉爾在父親眼中，是個不太聰明、又很讓人頭痛的小孩。在英國貴族家庭裡，爸爸通常會跟兒子保持一種距離，只管兒子的前途、去哪裡求學，媽媽跟孩子會比較親近，但邱吉爾的媽媽喜歡參加社交活動，所以他是由褓母一手帶大的。

邱吉爾的褓母在他二十一歲的時候過世，那一年他的爸爸也過世了。二十一歲算是邱吉爾的人生成長之年。他當上英國首相、全世界都認識他的時候，他的首相辦公室牆上掛的不是他父親，也不是他母親的照片，而是從小把他帶大的褓母的照片，一種童年呵護的感思。這是我覺得邱吉爾很特別的地方，他並不勢利。

溫斯頓．邱吉爾（右）和她的母親珍妮．斯賓塞．邱吉爾（Jennie Spencer Churchill）

接下來的故事可能是你從未聽過的。你也許會猜想，邱吉爾是貴族，所以才特別優秀，後來不只成為全世界知名的政治領袖、英國首相，還得了諾貝爾文學獎！他是以非文學家的身分獲得諾貝爾文學獎的第二人。所以你會覺得他太特別了，一定是學霸（以現代的說法），但其實剛好相反。

邱吉爾的名言之一是：「我從來沒有上過大學。這是一個很大的優點，使我懂得要終生學習。這件事如果廣為流傳，對國家非常有好處。」邱吉爾中學時被送往當時非常著名的貴族學校哈羅公學（Harrow School），很多人以為歐洲所有貴族都是念伊頓公學（Eton College），其實錯了，真正的貴族念的是哈羅。

邱吉爾的入學考試成績很差，按照當時考試規定，學生一定要會第二外國語。邱吉爾十幾歲時，正好是大英帝國的巔峰時期，也是到處征戰、希望取得很多殖民地的時期，學校希望學生一定要念拉丁文，因為拉丁文是最廣為流傳的語言之一。但是邱吉爾很討厭拉丁文，而且自小性格即頗為有主見。中學入學考試考拉丁文作文時，他就寫了一個鬼符般的字，然後旁邊加個括號，再用濃濃的墨水亂抹幾點就交卷了，結果當然是零分；他的數學也不及格。但最後這間貴族學校看在邱吉爾父親的面子上，仍然勉強錄取了他。

事實上，邱吉爾的領悟力很高，記憶力強，很聰明；據說他可以一字不漏的背誦英國歷史學家麥考利（Thomas Babington Macaulay）一千兩百行的史詩《古羅馬之歌》（*Lays of Ancient Rome*），也能熟背莎士比亞。只是他的學習完全依據他的愛好，他喜歡歷史、哲學、文學，但凡不感興趣的功課，一概置之不理。他對老師也不太有禮貌，講話很直接，老師如果在課堂上引用莎士比亞作品哪裡出了差錯，功課不好的邱吉爾一點也不自卑，絕不會放過更正老師的機會。

邱吉爾的父親想要兒子從政，所以希望他念法律，可是學法律最重要的就是要會拉丁文，而邱吉爾的拉丁文卻是零分。後來他發現邱吉爾很喜歡跟兄弟們玩一種錫兵打仗的遊戲；這是英國貴族才會玩的遊戲。他父親問他為什麼愛玩錫兵打仗遊戲，「因為喜歡打仗啊！」邱吉爾這樣回答。最終邱吉爾真的在這個貴族學校留級，他父親心想從軍也是很多貴族覺得光榮的一條路，就讓他轉到同樣也很知名的桑赫斯特軍校（Royal Military Academy Sandhurst）預備班。

桑赫斯特同樣也要求學生一定要會第二外國語，邱吉爾的父親跟他商量：「你總要會另外一個國家的語言吧？」邱吉爾說：「我想學法語。」他父親問他為什麼？他說：「我不知道，但我對法國有興趣。」

「要學就學大國語言，為什麼學拉丁文？」

這件事情很重要，因為後來在第一次與第二次世界大戰時，英國與法國是並肩作戰的盟國。邱吉爾學會法語，後來當上英國領導者，二次世界大戰時他和戴高樂可以直接用法語交談。他父親煞費苦心的把他送到法國，他對喜歡的語言只花了一個多月即琅琅上口，法語講得很不錯。最後他以法語當第二外國語去參加軍校考試，可是他還是考了三次，因為他還有其他科目成績很糟，直到一八九三年八月才被錄取。

聽到兒子邱吉爾被軍校錄取時，父親終於鬆了一大口氣，說：「我這個兒子終於不再是個廢物。」邱吉爾的父親四十六歲時罹患一種來勢兇猛的疾病去世，在他過世之前，從來沒想過，自己的兒子將來會光耀門楣。他還以為兒子頂多不會成為廢物，完全不知道他們家族即將迎來二十世紀英國最偉大的歷史人物。

我不是鼓勵大家不要唸大學，而是如果觀看邱吉爾的求學過程，可以從他身上學習到，一個人的成功有許多因素，例如知道自己要什麼，

1895 年，任職於第四輕騎兵連隊（Queen's Own Hussars）的邱吉爾

另外一個是認知自己缺乏什麼。

我看過很多從小功課好、唸大學至博士學位都十分「出色」的人，但那只是漂亮的學歷。我一直找不到答案，為什麼有些哈佛大學的博士，知識卻如此貧乏？為什麼芝加哥、常春藤名校出了一堆不懂經濟、又欠缺歷史宏觀的人？我在邱吉爾身上找到了些許答案。

除了軍校之外，邱吉爾的功課從小就是一路爛到底。二十一歲時，他的父親走了，一路照顧他長大的褓母也往生了，邱吉爾自己在後來的傳記中寫到，他當時受到很大的衝擊，覺得自己突然成熟了。他才深感遺憾自己沒有上大學，書讀得太少，從此在任何工作之餘，都覺得自己需要增加知識素養。他本來領悟力就強，記憶力更可怕的好，只是不喜歡應付不感興趣的課業。

邱吉爾從軍校畢業之後，在一八九六年之前，他曾經因緣際會的參與了西班牙對古巴的戰爭，但他不是去打仗，而是去當戰地記者，這件事也奠定後來邱吉爾會得諾貝爾文學獎的基礎。那時他還很年輕，對世事了解不多，以為大英帝國有很多領土是理所當然的。當他到達古巴的第一個感受是：「這麼美的地方，為什麼不是我們英國的殖民地？」

《第二次世界大戰回憶錄》
第一版共六大冊

一八九六年，邱吉爾才二十二歲，決定飄洋過海到印度服役，只因為想了解英國在東方的殖民地；由此我們能看出他的膽識。到了印度以後，邱吉爾很快的後悔了，東方一點也不神祕，而是骯髒、落後，於是寫信給母親說：「印度的生活愚蠢、枯燥、乏味、無趣，請寄一些歷史、哲學、宗教，尤其是經濟的書過來。」

邱吉爾的母親立刻請教牛津大學的教授，把教授列出的書寄到印度，其中包括：吉朋（Edward Gibbon，大歷史家）、麥考利（大歷史家）、叔本華（Arthur Schopenhauer，哲學家）、馬爾薩斯（Thomas Robert Malthus，人口社會學家）、達爾文及柏拉圖的著作。邱吉爾每天至少閱讀四至五個小時，從此成為他終生的好習慣，包括在二次世界大戰擔任首相的期間，他都設法讓自己每天至少閱讀兩小時。

邱吉爾迷戀歷史，他熟讀幾位大家的作品，尤其是吉朋。後來邱吉爾得諾貝爾文學獎的作品《第二次世界大戰回憶錄》（*The Second World War*），文風深受吉朋的影響，文字富麗堂皇，辭藻講究，對細節敘事特別細膩。

邱吉爾天生不是一個寂寞的閱讀者。在印度期間，英軍碰到當地人的武裝起義。此時的邱吉爾已經與在古巴的他有點不同，開始會用一種冷靜而非高人一等的眼光，來看待當地人對英國殖民的反抗。邱吉爾雖不在參戰軍團中，卻主動請纓，替英國《每日郵報》（*Daily Mail*）撰寫戰地新聞，一來賺點錢，二來可以在戰地收集各種當地資料，了解印度。他不愛喝酒，也不喜歡和其他同伴打牌玩樂，寫完新聞就埋頭看書、寫書，在印度駐軍期間他完成人生的第一本著作《馬拉坎德野戰軍紀實》（*The Story of the Malakand Field Force*）。此書一出版即一舉成名，深獲書評家好評。邱吉爾筆下把戰爭的殘酷、現實、戰鬥細節、當地人起義的政治背景，寫得活生生且充滿宏觀視野。

就某個程度來說，邱吉爾雖然是大英帝國的子民、貴族，可是對印度當地人又有一絲絲沒說出口的同情。當然，對自己的第一本書突然得到這麼多好評，邱吉爾簡直太開心了！因為在此之前，老師給他的功課批語，不是「平庸」、「凌亂」、「馬虎」，要不然就是「實在太差了」！當他在印度得知一些學問淵博之士也給了他不少溢美之詞後，在日記上寫道：「這個世界太偉大了！」

當時的他才二十三歲。離父親判斷他可能是個廢物，不過就是兩年之後的事。

第二講

戰地記者經驗，讓他對大英殖民主義充滿批評

他到過古巴、印度、蘇丹、南非等大英帝國海外殖民地服役，他擔任戰地記者，親身經驗，讓他同情海外殖民者的處境，對大英帝國的殖民統治方式有批判的看法，這從此改變了他的一生。

邱吉爾寫作寫上了癮，他不滿足於戰地實錄的書寫，開始了所有創作者的通病，走上小說家之路。他認為，只有小說家才能配得上文學家的稱號，於是撰寫了一部傳記體著作《薩伏羅拉》（*Savrola*），但批評家認為此書不只文學價值不高，而且結構鬆散，毫無故事想像力。邱吉爾對尖銳的批評很不爽，宣稱自己「下次再寫小說時，要痛痛快快的捨棄開頭，從描述事情的變故開始」。當然這是氣話，小說創作失敗後，

邱吉爾約略明瞭自己不是什麼創作都擅長。他是個明白人，明白自己的缺點。

有趣的是：這部失敗的小說出版後，卻突然出現許多人寫信向他致意，稱讚他的小說技巧，剛開始邱吉爾還自鳴得意，之後發現溢美之詞實在太多了，有點古怪。還好邱吉爾不是自戀狂，他很快發現美國有個名字也叫溫斯頓．邱吉爾的作家，專寫小說，作品暢銷，人家才是個大作家。只是因為邱吉爾家族太有名，所以很多信都誤寄到他家。邱吉爾決定寫信給美國的邱吉爾，提出區隔彼此的方法，提議以後「我的作品都會署名：溫斯頓．斯賓塞．邱吉爾（Winston Spencer-Churchill）」。那封信的時間是一八九九年六月七日，他才二十六歲不到。我必須佩服邱吉爾的誠實及膽識，一個如此年輕的孩子，已經有了圓熟的自我認知和社會技巧。多年後，兩人還在波士頓相約見面。

邱吉爾放棄寫小說後，創作都環繞著戰爭的報導。一八九九年，他出版《尼羅河上的戰爭》（*The River War*），敘述英國征戰蘇丹的過程。

蘇丹是非洲領土最大的國家，北部居民是阿拉伯人，南部居民大多是蘇丹黑人。十九世紀初期，蘇丹大部分由阿拉伯人征服，屬於鄂圖曼

蘇丹總督查理・喬治・戈登 (Charles George Gordon)

帝國的一部分。到了一八七〇年代，英國征服埃及後，就把魔爪伸進蘇丹。蘇丹人民反抗英國殖民，因為英國的殖民者非常惡霸、橫徵稅收、暴力。蘇丹人群起反抗，震撼整個非洲大陸，這次戰爭被稱為「馬赫迪起義」（Mahdist War），領導者是自稱「馬赫迪」（意為救世主）的宗教領袖穆罕默德・艾哈邁德（Muhammad Ahmad）。

有一段時間，英國派一個叫戈登的人出任蘇丹總督。了解中國歷史的人，應該對他的名字有點記憶，他就是參與太平天國的戈登。戈登本來已經退任，又被叫回去做蘇丹的總督，執行平定馬赫迪起義的任務。他們一方面挖戰壕，一方面宣布減稅，可是馬赫迪沒有中計。最後馬赫迪的騎軍直搗總督府，用長矛刺中戈登的胸口，戈登死了。

戈登之死和馬赫迪起義的勝利，激起強大的大英帝國愛國主義浪潮，英國的政客、輿論要求一定要為戈登之死復仇。此刻，於是英國開始提供武器，唆使衣索比亞人進攻蘇丹。這大概就是帝國主義者的特色：用非洲人打非洲人。環繞著蘇丹首都的攻防戰開始，在決戰過程中，原來的領導者馬赫迪身體不支死亡，英國最後率領一萬五千大軍入侵蘇丹，以當時英軍所擁有的軍事優勢，很快就打敗蘇丹。蘇丹軍隊總共被俘虜兩萬六千人，英國侵略者進入首都之後，進行了駭人聽聞的大屠殺，並且把原來的騎軍領導者馬赫迪屍骨從陵墓挖出來。

邱吉爾目睹英國所有報紙都在報導蘇丹，很想親自了解蘇丹發生的事，他透過關係轉調到英軍駐埃及的騎兵隊，並與一家英國報紙談好，幫他們報導戰地新聞。但是當他親臨戰場，鉅細靡遺的書寫戰鬥過程，他和狂亂的英國愛國主義者如此不同，他的筆下如此描述戰役中的慘況：「現在我們親眼看到了十字軍東征的情景。」那時邱吉爾發回來的報導很不受英國人的歡迎，因為他讓一八九八年沉醉於大英帝國光榮感的民眾，看到英國殖民統治真實的另一面。

邱吉爾對於英軍的殘忍和英軍總司令吉欽納（Horatio Herbert Kitchener）的縱容軍紀、違反人道感到憤慨，他看到一場非常殘酷的大屠殺，蘇丹人只能揮舞軍刀，英國人擁有步槍、大砲，完全是不對等的戰爭，邱吉爾覺得這種大屠殺式的勝利算什麼。他因此批評吉欽納「是將軍，但他永遠不會是紳士」。

《尼羅河上的戰爭》分成上下兩本，特別值得一提的是，他的寫作環繞著戰爭的很多細節，也有很多宏觀思考。有時你會覺得他是站在大英帝國的角度，有時他也會看到當地人的處境。像他的《第二次世界大戰回憶錄》總共有六集，厚重的分量及人性的書寫也是他的作品特色之一。

在《尼羅河上的戰爭》中，邱吉爾寫下英國政治中的某些陰暗面、殖民主義的可憎面目。他最感憤怒的是，英軍怎麼可以對馬赫迪的陵墓和遺骨做出極其侮辱的行為。在他的筆下，勝利的英軍不僅卑劣、野蠻、慘無人道，也對當地人民造成莫大侮辱。而且他批評的不只是手段，還包括戰爭的必要性。他在後來出版的書中寫了一段話：「戰爭是為了懲罰一些苦行僧、一些善良的人，戰爭是罪惡的行徑。」並且批評不該對人們宣傳英國進入蘇丹是為了把人民從獨裁者的枷鎖下解放出來，「你這個解放者太不受歡迎了，你們所有的說法都是偽善。」

這是一個二十四歲年輕人的巨大成就。他不是歷史學家，卻有歷史學家的訓練，邏輯精確、素材豐富。歷史學家不會上戰場，他們對戰爭的解釋是二手貨。

在寫作《尼羅河上的戰爭》過程中，邱吉爾的人生也因此走到一個十字路口；他曾經以大英帝國為榮。在印度服役時，他有點同情當地民眾的起義反抗，可是還沒有對大英帝國有如此強烈的批判。到了這場蘇丹戰爭時，他已忍無可忍了。當邱吉爾從以祖國為榮到以祖國為恥，差不多就是他告別從軍之路的時候了。他決定要和大英帝國的殖民部隊劃清界線，離開部隊結束他的軍旅生活。他的正義感讓他沒有辦法再接受這些事情。我們從來不知道，如果沒有這場蘇丹的戰爭，他可能會一直留在軍隊裡。

每一個人，可能在年輕的時候都會碰到這樣一個關口，跨過了，你從此成為不一樣的人。

你可以選擇挺住良心，揭露堂堂文明的英國人如何對待已經死去的反對派領袖，把他的腦袋從軀體上砍下來，士兵用手把玩他的骷髏頭，一路從蘇丹至埃及……將其陵墓夷為平地……

你可以選擇遮掩，從此熟悉妥協的味道，此生再無正義感的糾結。

邱吉爾選擇了良心。他放棄父親生前唯一認為他會做的事，他淋漓盡致抒發了誠實的見解，拒絕當偽善者，並且勇敢結束了軍旅生涯。當時的他並不全然知道自己的下一步在那裡，但是他知道自己必須站在誠實的一方。

而「拒絕偽善」，從此貫穿了邱吉爾的一生。

《尼羅河上的戰爭》出版後在英國引起非常大的迴響，因為過去從來沒有一個戰地作者用如此鉅細靡遺的方式告訴大家：「大英帝國對不起我們這些偉大的子民們，我們在海外所擁有的殖民地是用這麼殘酷的方法奪取來的。」從來沒有人告訴英國人，英軍是如此的殘忍、野蠻，所以那套書在英國非常受歡迎。

然而，正義良知之旗碰到政治就必須妥協。一九〇二年，邱吉爾決定從政，參選下議院，這套書再版時只好刪掉三分之一的內容。做為一個政治人物，他必須把部分的良心藏起來，他必須妥協。事實上，後來他得到諾貝爾文學獎的《第二次世界大戰回憶錄》也是如此，當時他從首相的位置被趕下台，組織了一個辦公室，開始寫《第二次世界大戰回憶錄》。在書中他罵得最難聽的就是艾森豪（Dwight D. Eisenhower），說艾森豪長得像山羊；他也批評已經往生的美國總統羅斯福。可是寫到一半的時候，突然又被叫回去組閣，他只好把書中所有罵艾森豪的話都刪掉。他的人生有兩次為了從政，把原本直言不諱、會站起來挑戰校長和老師的個性做了一些修正。

還有一件很重要的事。邱吉爾的爸爸覺得他是廢物的理由，除了他功課很差之外，也因為他小時候口吃，而且語言能力並不豐富。他的絕佳文采與滔滔不絕的演說能力，是後天的歷練、不斷練習寫作與演說的最終結果。邱吉爾有一段名言：**「除了鮮血、勤勞、眼淚與汗水，其他我無可奉獻，在人類衝突的戰場上我從來沒有見過以寡擊眾的英勇事蹟。」**人們常因他說的一些話而認為他很好戰，事實上很多他的書寫經常對戰爭做出批評，他認為所有的文明史都證明，大多數的戰爭都是一種對歷史的背信行為。

第三講

南非：入獄越獄，膽識，從此改變邱吉爾

邱吉爾到南非當天就被布耳人俘虜，
他依靠自己的聰明機智越獄成功，聲名大振，
從此開啓他的政治生涯。

前文提到，邱吉爾已沒有能力再說服自己參加英國的殖民戰爭，他受夠了。寫了《尼羅河上的戰爭》以後，他結束了父親為他一路規劃的軍旅生涯。

二十五歲的他，沒有讀大學，又離開了軍旅位置，即使身為十大家族的後代，他站在人生的十字路口，還是不知道未來要做什麼。要不要成為職業作家？有機會嗎？其實他並沒有把握。當時的他只知道自己不

能再做什麼，卻不確定未來人生的方向。

邱吉爾年幼至二十五歲時，沒有什麼自己要成為非凡人物的想法，更多的是他的理想主義，他對大英帝國輝煌卻殘暴的懊惱。如果可以看出他有什麼不平凡，就是他擁有一定的良知，不屑於粗魯的殖民主義，還有他比多數牛津大學畢業生都熱衷閱讀歷史。

最後是英國《晨報》（*The Morning Post*）的發行人，決定了他的下一步人生。這位發行人認為邱吉爾不管到哪裡當戰地記者，都把戰事寫得脈絡清晰，文筆太好了，使讀者彷彿親臨現場。某一天上午，他給了邱吉爾一大筆錢，問他願不願意到南非，而且承諾他享有充分的言論自由，不更改他寫的任何文字（因為他曾經在撰寫尼羅河戰爭時，把英國罵得很慘，還包括英國總司令）。

邱吉爾答應了。

如果你身為他的處境，答應要去很遙遠的南非，可能要準備一個月或半個月後才出發。那是一個陌生地，而且是蠻橫搶奪鑽石的戰爭，越來越激烈的戰爭。然而，邱吉爾二十五歲就不是普通人，他上午答應之後，當天下午就搭乘輪船，立即出發。

在南非的青年邱吉爾。他以記者身分在此報導第二次布耳戰爭

有些人形容邱吉爾打從娘胎裡就著急成性。母親生他的時候，正好在著名的邱吉爾莊園舉辦一場舞會，男男女女翩翩起舞。這位活潑美麗、好動貪玩、身懷六甲的女子突然感到腹部不適，她很快就被帶入一間臨時的女更衣室，還沒來得及反應，邱吉爾就出生了。母親才懷胎八個月，邱吉爾就急急忙忙來到了世間。於是後來人們說，「急急忙忙」正是邱吉爾一生的特色。

我不知道這個叫不叫急急忙忙，只覺得這個人很有魄力。當天上午答應去南非，當天下午即啟程。何況那是沒有飛機的年代，他得在海上航行一大圈，從北半球到南半球，橫越半個地球。

至於為什麼會有南非的戰爭呢？一切都為了美麗的鑽石。

當時南非大部分已是荷蘭的殖民地，過去荷蘭早在當地發動了一次又一次的戰爭，屠殺一批又一批的原住民，占領一片又一片的土地。十八世紀時，荷蘭人在南非的殖民地當中已占有絕對的優勢。後來英國艦隊開往南非，為了取得殖民地，在那裡進行了一連串英國化的措施，還刻意移入五千名英國移民，於是和當地的原住民布耳人起了很激烈的衝突。布耳人多次暴動，反抗英國的殖民，當然英國的殖民者立即殘酷鎮壓。

所有這些事情的源頭，都始於南非豐富的鑽石與黃金。

一八六七年，南非的瓦爾河（Vaal）發現了第一塊鑽石；一八六九年又發現一塊價值高達兩萬五千英鎊的大鑽石，震撼全世界；一八七一年，還在瓦爾河南岸發現一個原生鑽石礦床，一整片都是鑽石。

所謂「有錢能使鬼推磨」，所有冒險家都來到這裡。繼鑽石熱之後，又有了淘金熱。在這種情況下，各大帝國皆想占領南非。

當時的英國對南非的殖民主義先鋒主旨是「擴張就是一切」。我們應當永遠記住，英國要把殖民地擴大到尚比西河（Zambezi River），其實就是為了鑽石。英國剛開始只是為了在非洲南端確保英國的大船可以經過，後來隨著鑽石的出現，英國在這個地方派入的軍隊越來越龐大。一八九五年時大概只有八百人，到了一八九九年第二次布耳戰爭時膨脹十倍，那正是邱吉爾被詢問是否要去採訪這場戰爭的時候。

當時，歐洲每個政治角落都在談南非的鑽石與黃金，於是邱吉爾也迫不及待的搭乘輪船，來到了南非。

但事與願違，一抵達前線不久，還沒發出任何新聞報導，邱吉爾才跟著部隊參加一次偵查行動，乘著裝甲列車深入被布耳人占領的區域，便遭到狙擊，有幾節板車脫了軌。邱吉爾雖然已經不是軍人，但還是幫著英軍搶救傷員，希望把裝甲列車上的人員帶到安全地帶，結果撤退又不順利。於是他被當地布耳人逮捕，成為俘虜。

成了俘虜後，邱吉爾對布耳人極力表達他是記者，並沒有和英軍一起參加戰鬥。依據當時通用的國際軍法慣例，如果非軍事人員，一槍未發，可以不被處決。但當時不知道為什麼邱吉爾要穿著軍裝，布耳人並不相信他說的話，他因此隨時可能被一槍處決，非常焦慮。

沒想到過了一會兒以後，布耳軍官經過一番商議，又詢問了他的身分背景。經過翻譯，再從旁打聽，布耳人發現邱吉爾來自英國貴族世家，覺得把一個貴族直接殺掉太可惜，就對他說：「我們不打算處決你，畢竟我們不是每天都可以抓到英國這麼顯赫的貴族子弟；但我們也不打算放你走，儘管你是記者。」所以，貴族身分救了他，但也害他被俘。

邱吉爾被俘以後，在監獄的處境很慘。你可以想像一般的監獄就夠可怕了，何況是南非原住民的戰俘營。邱吉爾後來對他的囚徒生活做了相當多的描述。在關押的第一個禮拜，他很仔細的看到了許多細節，寫了這麼一段話：

> 整個監獄的環境，哪怕是最寬鬆有序的牢房，都令人作嘔，在如此惡劣的環境中，我們吵架的對象不是布耳人，而是戰俘。我感受不到人生一絲絲的樂趣，只想得到一個比較能夠呼吸的角落。但為了那個可以呼吸的角落，戰俘們互相咒罵。如果你從未受過約束，也不知道當囚犯的滋味，一旦被囚禁在一個狹小的空間，四周都是鐵絲網，有哨兵持槍監視，有很多條條框框束縛，你一定會感到羞辱。一生中，我最深惡痛絕的便是這一次被俘虜。

在那一次經驗，他感受到人性在那個小小的空間中的矛盾反差，他受到所有英國俘虜的排擠，因為他的姓氏是邱吉爾。當其他人看到他也落難時，幸災樂禍，而且故意在已經有點餿味的食物上吐痰。

起初邱吉爾非常憤怒自己的處境，但他很快的轉念，他知道，布耳人雖然不準備立刻處決他，但總有殺他的一天；或是即使不殺他，他也不能一直這樣拖下去。

他必須冒險，他要越獄。

邱吉爾後來在訪問時提到：當他決定越獄的時候，他突然突破了囚禁帶給他的痛苦。雖然還在囚禁的空間，但羞恥感突然不見了，滿腦子只想用什麼樣的方法、在什麼樣的狀況下、什麼地方鐵絲網有漏洞、什麼時間點可能越獄成功……他每天都在觀察，他說他的人生在此刻充滿了危險的樂趣，不再感覺被羞辱。

看看這一段。雖然邱吉爾還很年輕，出身貴族，但面對惡劣的環境，他不花太多時間抱怨。遭到囚禁這件事，後來影響了他擔任英國內政部部長的作為——改善牢獄生活，因為他知道什麼叫做被囚禁。如果你給囚犯一個非常糟糕的環境，他在獄中反而會養成更反社會的性格，除非你把他處死、判處無期徒刑，否則有一天他被釋放了，他的反社會人格一定會使他再犯罪。

這次的被俘，對這位還算一路順遂的貴族來說，是一個很特別的經驗。從覺得被羞辱、感覺人生與人性都令他絕望，到突然之間決定要越獄，然後開始每天規劃要怎麼越獄，他突然注意到，周遭環境都沒改變，可是他的心態卻全變了。

原本他看到的，是監獄裡頭的黑暗面：英國戰俘彼此互鬥、出賣，因為每一次出賣都可能給他們換來好一點點的待遇。可是當他一轉念，決定要越獄，就發現每一天太陽升起都是一次機會，不再需要去專注那些人性的黑暗面。邱吉爾在九十歲死亡之前，經常想起這一段往事。

從這次經歷中，他理解到，同樣的處境，只要看到的東西不一樣、腦海裡想的東西不一樣，整個人生就會大不相同。

他計劃越獄時，就開始注意哪一個專門看守牢房的士兵最愛打瞌睡、打瞌睡的時間多長。那時他當然沒有手錶，他是用什麼方法計算時間呢？據說邱吉爾是用雙腳踱步的時間來計算，例如：踱一百步是甲士兵打瞌睡的時間長度，乙士兵則是踱三百步，表示乙士兵打瞌睡的時間特別長。他覺得人是有慣性的，特別愛打瞌睡的人，就是給他逃獄機會的人。

有一天夜裡，他趁著長期觀察所熟悉的一名衛兵打瞌睡，從已觀察好的一處較寬的圍牆空隙逃了出去。那時候的邱吉爾長得滿帥的，也尚未發胖。所以，要越獄也不能太胖。本來有兩個同伴說好跟著他一起越獄，但那兩個同伴東怕西怕，希望身邊多帶些東西比較保險，邱吉爾兩手空空直往前衝，結果反而另外兩位瞻前顧後的同伴沒來得及逃出，慘遭處決。

年輕的邱吉爾於是一個人在茫然又荒涼又陌生的土地上，望著天空的星星，分不出東南西北，謹慎且勇敢的往前行。

逃出監獄之後，當然還是在布耳人控制的地區，英軍在那裡已經被打敗了。他身邊沒有夥伴，身上沒有武器，也沒有地圖，沒有水，沒有糧，什麼都沒有。他決定奔向鐵路，盤算著只要能搭上火車，就能快速通過布耳人的控制區，逃往葡萄牙人的殖民地。

問題是鐵路在哪裡？邱吉爾的方法是趴在地上傾聽大地震動，幾回沒有動靜，他依舊不氣餒，繼續趴在地上仔細聽，終於找到了方向。就這樣在恍惚中走了十小時，沿途喝了許多河水，邱吉爾終於看到了鐵軌，然後等到火車。他跳上一輛駛過的火車，藏在一堆裝過煤的空袋子下，用黑色的煤粉，把臉塗得亂七八糟，乍看好像是當地的黑人。

第二天黎明時分，他想了一下，決定下火車，因為擔心到了白天卸煤袋子時被發現。從這一點可以看出邱吉爾既膽大又心細，這一路上對他來講，都叫智取——怎麼讓自己活下來。

布耳人發現好不容易抓到的英國貴族不見後，簡直氣炸了，四處張貼高額懸賞的廣告，無論死活，只要抓到邱吉爾，賞金照付。

此時英國報刊也全面報導邱吉爾被俘並越獄的事情。雖然邱吉爾當時尚未從政，但他的家族實在太有名，而且他也寫了幾部作品，稍有名氣。以下是幾則當時英國的報導內容：

「十二月十三日電，邱吉爾雖然巧妙越獄，但越過邊境可能性甚小。」

「十二月十四日電，據報導，邱吉爾已在邊境火車站被逮捕。」

「十二月十六日電，據報導，邱吉爾已在莫特維爾博文被捕。」

「十二月十六日電，邱吉爾從普勒多利亞越獄後，人們擔心他不久就會再次被抓獲，果真如此的話，他應該已經被槍決了。」

這是英國當地的報導，他媽媽也覺得自己的兒子大概完了。實際上，邱吉爾並沒有再次被逮捕，他歷經艱辛，忍受飢餓，一直沿著鐵軌走，然後遇到一個英國人，在這個同胞的房子裡躲過布耳人的追捕。

一八九九年十二月十九日，即英國倫敦已經正式發布他應該已被槍決的三天後，他逃到葡萄牙人控制的一個港口，在這裡走入英國領事館。他安全了，當這個消息傳到英國後，他突然變成英國人的英雄。

這場南非奇遇最後給邱吉爾帶來的最重要資本，就是從政。他不再只是邱吉爾家族的貴族子弟、戰地記者、出版書籍的作家、文字很出色或尖銳的批評家。人們覺得他太了不起了，充滿英雄氣概，如虛構故事中的主角，他自己就是小說！英國報刊不斷用邱吉爾的奇遇大作文章，把他如何逃出俘虜營的事情寫成一堆新聞，大肆渲染，而且杜撰一些繪聲繪影的細節——因為邱吉爾還沒回來，他們根本不知道他是怎麼逃的，只好亂寫一通！這個事件就這樣讓邱吉爾聲譽倍增，成了戰地英雄。

自一八九九年十二月越獄，直到一九〇〇年的夏天，邱吉爾搭乘的船隻才終於回到倫敦。

邱吉爾在歷經半年的返鄉途中，又寫了一本書《南非歷險記》（*My African Journey*）。這本書敘述他自己的南非冒險經歷，也和他以前出的書一樣，分成上下兩大卷。對他來說，不到三年時間就出了六部著作，這是他寫作的巔峰時期，也為他寫作的生涯暫時畫下圓滿的頓號。

這個時刻也快要到一九〇一年了。英國雖然國家的GDP已經在一八九五年輸給了美國，可是在全球政治上還是擁有最大的影響力，但也開始走上由盛而衰的下坡路。在經濟上，是美國超越英國；在軍事上，英國正面對德國強而有力的挑戰。

在此情況下，邱吉爾的使命感促使他決定從政，這是他人生的一大十字路口，在出版《南非歷險記》之後，他做出了選擇。

回首這段往事，邱吉爾曾寫下幾段話：

> 「一八九五年到一九〇〇年之間，是我一生最豐富多彩的一段時間。回首往事，我真誠的感謝至高無上的上帝，賦予了我生存的機會。

我所經歷的每一天可能都是危險的日子，但也是好日子，使我一天比一天好，我的生活充滿了坎坷，充滿了危險，我時時感覺到變幻無常，但我同時感覺到我內心充滿了希望。」

「來吧！世界上所有年輕人，現在最需要你們去填補被戰爭奪取的一代人的空缺，你們不能失去一分一秒，你們一定要在生命之戰中找到自己的位置。」

「一個人的二十歲到二十五歲，都是你們大顯身手的時期，不要安於現狀，即使你有顯赫的家庭。承擔起你們的責任，世界是你們的，機會是你們的，不要只想繼承你前輩的遺產，請重新舉起光榮的旗幟，向你的人生挺進。如果你的前方有敵人，就進攻打敗他們，絕對不能向失敗低頭。」

在那段時間、他二十六歲之前，歷練出了後來我們所看到領導二次世界大戰、在英國那場戰爭中頑強抵抗希特勒的邱吉爾。

這段史實很重要，因為他一步入政壇的時候，已經是戰地英雄了，他很快就當選。他不必像一般年輕的國會議員，要依靠那些元老提拔，保守黨反而還要依靠他才能贏得大選。因為他是戰地英雄，保守黨可以充分利用他的聲譽。

這正中邱吉爾的下懷。

二十六歲時，他首次當選了下議院議員，邁出他從政生涯成功的第一步。

貴族子弟被俘虜卻沒有被殺，勇敢的逃獄過程勇氣十足，成為他從政的資本，讓他毫不猶豫的站上政治舞台，成為後來所有人認識的邱吉爾。

1900 年，邱吉爾第一次當選國會議員

第四講

從戰地英雄變成政治明星

一九〇〇年三月，邱吉爾回到英國後，二十六歲就當選保守黨下議院議員，他初入國會第四天就發表演說：「我們應該征服愛爾蘭，隨後給他們自治。」從此又失去政治聲望。

記得我第一次到英國的下議院——也就是他們的國會——參觀時，看到左右兩邊反對黨與執政黨的座位大概只有五十個，嚇了一跳，心想英國國會議員不是有六百多位，怎麼座位這麼少？原來英國國會非常講究資深制，只有資深議員才能坐前面，其他人是連座位都沒有的。按照英國議會的傳統，新議員也不能立即發表演說，至少要等一個月之後。邱吉爾在二十六歲當上下議院議員時，當然是資淺的；但他是戰地英雄，他參加的保守黨需要依賴他提升投票率，便把他捧得高高的，因此他一進議會，就是個明星級的年輕議員。兩百年來從未有新進議員在下議院演說，邱吉爾打破了這個紀錄，在開議後的第四天就發表演說。

當時他也聽到來自四面八方的善意忠告。有人說不要操之過急；有人說這是你熟悉的話題，不要失去良機。最後他接受的是卓別林的忠告：「不必著急，但也不一定不說話，那些規矩不重要。重點是：如果你有話要說，你就上台；沒有話說，就不必演說。」他決定選擇忠於自己。

邱吉爾那次的演講內容非常特別，他提到英國對各地殖民地的態度，他說：「我們應該征服愛爾蘭人，並且隨後給他們自治。不僅對愛爾蘭，我們對南非也應當這樣。我們應該把德國人餓到快要死了，再為他們提供糧食，並且在我們平息了大罷工之後，應該設法解決礦工們的困難。」

邱吉爾的這番演說同時折射出英國兩個政黨完全不同的態度。當時主要的政黨，一個是保守黨、一個是自由黨，邱吉爾說「我認為我們應該征服愛爾蘭人」，這句話是保守黨的意見；「並且隨後給他們自治」，則是自由黨的意見。當然，這跟過去邱吉爾看過英國人在蘇丹的戰爭，以及他個人在南非被俘虜都有關係，他很聰明看出兩黨各自提出的皆為片面方案，都不是解決問題的方法。

邱吉爾的話，一百年後看，如此充滿遠見，如此真實。但政治上向來沒有人愛聽實話，他的演講也同時激怒保守黨選民及大老，但是獲得反對派的尊敬。後來他也寫了很多類似的政治態度，經常被人們引用為名言，像是：「**在戰爭時堅決，在失敗時反抗，在勝利時慷慨，在和平時仁慈。**」

當時十九世紀剛結束，英國正逐漸失去它在全世界最高的經濟地位，國民生產毛額也被超越。軍事的部分則面臨德國的崛起，所以大英帝國的危機感非常強烈！如何維持大英帝國的世界第一？當時他們面臨兩個困境。第一個困境是：大英帝國的領土非常小，不像美國本身就資源豐富，地域遼闊。英國只有幾個島，即使征服了蘇格蘭，蘇格蘭人也不見得服氣。更別提愛爾蘭人對英國人的直接反抗，因為英國根本是靠屠殺來控制愛爾蘭人。

英國在世界各地殖民，必須要不斷付出各種代價，殖民地反抗大英帝國的殖民；感到榮耀、沒有什麼反抗的，只有加拿大與紐西蘭，因為那裡本就已居住著大量英國移民。大多數的殖民地區是不服從的，這使得大英帝國面臨另一個困境：為了得到資源，它必須在海外進行資源掠奪，因此需要龐大的軍事預算。也由於這些龐大的軍事預算，拖垮了英國整體的國家赤字。那時工業革命發展到一個階段，有錢人越來越有錢，窮人則越來越窮，農民更是遠遠被拋在時代的後面。英國有太多窮苦的人、失業的人，可是國家的預算幾乎都快要被海外殖民地所需要的軍事費用吃光了，怎麼去支付這些社會救濟的錢？這些通通都是英國的難題。

所以等我講述更多邱吉爾的故事，以及英國如何失去它的殖民地時，你就會了解，等到二次世界大戰時，英國終於支付不起軍事費用，像乞丐一樣的想向美國借錢，英國本來自以為跟美國是好兄弟，美國應該會贈與他們一筆錢，或是用很低的利息借錢給他們，但是美國既不肯贈與、也不肯降低利息借錢。因為美國知道，英國現在面對的龐大財政困難，會使他們發不出海外駐軍的軍餉，海外駐軍就垮了，接著面對的就是反抗運動，殖民地將一一獨立，大英帝國就結束了。這是一九四五年之後的事，在此先特別一提，是為了留個伏筆。

回到邱吉爾的第一場國會演說。那一天，邱吉爾演講完畢，保守黨議員沒幾個人要和邱吉爾講話。他走向國會旁的小酒吧，在那裡遇見自由黨的議員勞合．喬治（David Lloyd George），他對邱吉爾反而生起一股特別的尊敬，兩人當天在酒吧裡就成為朋友。

到了一九〇四年，邱吉爾和當時保守黨的意見越來越不同。某個程度他同情在南非被英國人殖民的布耳人，他希望英國能對布耳人溫和一點，但這樣的發言和保守黨的路線根本就是違背的，更別提讓愛爾蘭人自治，保守黨聽到都發瘋了。所以從政不到兩、三年的邱吉爾，正式和他以貴族身分一定要參與的保守黨分道揚鑣，離保守黨把他當英雄到與他分手，僅時隔三年，他就轉向自由黨。

邱吉爾轉向自由黨以後，保守黨稱他「政治變節」與「叛黨」。其實，黨是什麼？什麼叫「政治變節」？重要的是，邱吉爾早就看出了保守黨路線無以為繼，而他的預言也要在時隔四十幾年的一九四五年以後回頭看才準確。如果英國人那時採取他的主張，讓南非和許多地區自治，英國未必會在二次世界大戰中失去這些殖民地；或者可能還是會失去，但至少不會這麼狼狽。所以邱吉爾是個有遠見的人，有遠見的人有時也會成為失敗者，於是他就從英雄變成了狗熊。但沒有多久，英國的保守黨政府就垮台了，變成由自由黨來組閣。自由黨組閣時給了邱吉爾殖民部次長的職位，當時他三十二歲。他的地位越來越重要，後來當上內政大臣。

一九一〇年，邱吉爾三十五歲，正在政治路上意氣風發的時候，倫敦卻在十二月時發生一起珠寶店的搶劫事件。警察向他這位個性戲劇化的內政大臣報告，說有很多搶匪躲在珠寶店裡，三名警察當場被槍打死，還有三名重傷。邱吉爾認為這件事非同小可，在這之前英國的警察是不攜帶槍枝彈藥的，他親自領導偵查這個案件，卻下令讓當地的警察配備手槍與步槍，並立刻帶領非常多警察包圍這家位於賽德奈街一百號的珠寶店。邱吉爾之前的人生經歷多場戰爭，因此他忘了這不是戰場，把自己當司令，親自坐鎮，如臨大敵。沒有人知道珠寶店裡面有多少個搶匪，但邱吉爾總共派出幾百名警察和士兵，準備的彈藥也非常多，火力全開的攻擊那家珠寶店，槍彈如雨般的落下，最丟臉的是他還準備了大砲。為什麼丟臉？雖然邱吉爾認為這是場重大戰役，但警察比較有

時任內政大臣的溫斯頓·邱吉爾（左二）在賽德奈街（Sidney Street）現場視察

經驗，覺得這似乎太荒唐了！但邱吉爾自己跑前跑後，不斷跟警方討論對付這個罪犯要如何射擊、要如何增派援軍。在密集的砲火過後，警察從被摧毀的珠寶店裡面找到屍體，結果只有兩名搶劫犯。這笑話可鬧大了，在內政大臣親臨指揮下，警察部隊用了強大砲火，還搬來大砲，結果只對付兩個人。

這個滑稽場面立刻被英國刻薄的小報大報大肆渲染一番。這也是人性，幾年前邱吉爾是戰地英雄，現在做了這麼丟臉的事，何況他從保守黨跑到自由黨，加上他是貴族子弟，當時英國的貧富差距又很嚴重，多少人想看他垮台、丟臉！

我要再講的是邱吉爾的挫折，他的年輕時期算不上有什麼挫折，直到在南非被俘虜，越獄成功，二十六歲就當上國會議員，之後又當上內政大臣——這是非常重要的職位。但是到了一九一四年，第一次世界大戰在七月爆發的時候，邱吉爾四十歲了，當時的他才開始要面對人生的最大挫折。看邱吉爾的故事，起初會想到張愛玲說的：「成名要趁早。」但成名早的人，挫折也很快的到來。

邱吉爾是個急性子，第一次世界大戰爆發時，他立刻主張迅速參

1908～1916年出任英國首相的阿斯奎斯（Herbert Henry Asquith）

戰。他四十歲就領導當時全英國、也是全世界最大的海軍，權力非常大。未來應該是充滿光輝燦爛的前程，準備在歷史上留名——本來他自己也是這麼想的，甚至很多人認為他最可能是當時英國首相阿斯奎斯（Herbert Henry Asquith）的繼承人之一，因為他是邱吉爾，二十六歲之前就名滿全國，現在還領導著英國海軍。英國本來最強的就是海軍，大英帝國的崛起都跟海軍有關係。誰也想不到才不到十個月，邱吉爾就被趕出海軍部；再過五個月，他也被趕出臨時內閣，完全失去影響力。

邱吉爾為什麼會這麼慘？德國在一次世界大戰時和土耳其聯盟，希望在經濟、政治上向波斯灣進軍，而這個地方是英國在中東的殖民地。接著，他們也可能威脅英國在印度的統治，這是第一次世界大戰當時的國際局面。邱吉爾的看法是，那時戰事最慘烈的地方是西線（所以後來有一本書叫《西線無戰事》〔*All Quiet on the Western Front*〕），於是決定另開一條路線，他認為光靠海軍就可以打通達達尼爾海峽，經過這裡直接攻占土耳其首都君士坦丁堡，必要時還可以轟炸君士坦丁堡，迫使土耳其退出戰爭。

這個決定是經過內部軍事會議通過的，在那次軍事會議裡，邱吉爾讓大多數人認為光靠他領導的海軍，就能單獨完成這一項任務。現場雖有些將領不以為然，可是不一定會說出口，因為邱吉爾滔滔不絕，充滿自信，而且過去的他所向無敵。

一個人太順利、太成功的時候，就是準備摔跤的時候。

三十九、四十歲時的邱吉爾剛好遇到這種狀況。四十歲的他求勝心切，沒有跟陸軍部進行任何協同合作就開戰了。他下令攻打達達尼爾海峽，眼看著好像土耳其的軍隊無法還擊、勝券在握的時候，有三艘大軍艦突然被擊中沉沒，接著第四艘也突然失去戰鬥力。幾分鐘之內，強攻海峽的艦隊就損失一半。

邱吉爾是一個固執的人，他不相信情勢會就此大敗。一個人太順利就會不相信很多事，只相信自己。他非常氣惱的下令海軍繼續戰鬥，但是海軍部其他將領認為太荒唐，我方軍艦都被擊毀一半以上，邱吉爾瘋了！這就是後來所謂的「邱吉爾方案」，意思是想靠他個人掌管的海軍來改變戰爭，而且人們認為他的目的只是為了名垂戰史。結果英國海軍的下場非常悲慘，五週之後陸軍才參戰。

戰況悲慘到什麼地步？「邱吉爾方案」導致協約國總共投入將近五十萬的兵力，其中英國的官兵陣亡、被俘虜、下落不明或死於疾病的總共四萬七千人。邱吉爾被批評得很慘，各方強烈要求他滾出內閣，尤其是保守黨本來就很恨邱吉爾叛黨，於是執政的自由黨政府只好免除邱吉爾海軍大臣的職務，以及戰時委員會成員的資格，只留個面子給他，保留了一個不管部門的大臣名義。

這個挫敗對邱吉爾的

達達尼爾戰役，又稱加里波利之戰（Battle of Gallipoli）

人生衝擊很大。若看他後來寫的《第二次世界大戰回憶錄》，會發現他在二次大戰時又堅持另一次「巴爾幹戰略」，顯然他認為一次大戰的失敗只是偶然，他的戰略一定是對的，只是當時運氣不好，突然軍艦都被敵人打中了，否則本來已經勝利在望的。

四十歲的邱吉爾成了英國最大的嘲笑對象。第一次世界大戰時，他從最榮耀的掌管世界最大軍隊的領導者，變成一次大戰中英國唯一差點戰敗的軍事領袖。一次大戰在一九一八年十一月十一日結束，那場戰爭是一場歐洲各國之間的戰爭，是歐洲自己打垮自己。同一時間，正在發展國家民族主義的鄂圖曼帝國、奧匈帝國也通通垮掉了；還有一件世界正在發生的大事，就是全球社會主義與共產主義思潮的崛起。

一九一七年俄羅斯大革命，一九一八年一次大戰結束，幾乎同時發生的幾件歷史大事衝擊了全歐洲，歐洲的社會主義政黨幾乎都是在那個時刻崛起的。理由很簡單，一次世界大戰把原來的國家機器、貴族資產都打得亂七八糟，每個國家政府都變得很弱，老百姓也受盡苦難。同時，快速發展的工業革命使社會的貧富差距變得很大，社會主義與共產主義的思想在戰後歐洲社會快速崛起。

那時歐洲大多是民主政體，每個國家都分成兩個主要政黨：保守黨和自由黨。可是在社會氛圍的改變之下，相信自由主義的自由黨雖然比較尊重殖民地，但這時已沒什麼意義，而且在乎貧富差距問題的窮人也不再支持自由黨；保守黨則本來就是貴族的政黨。所以工黨很快就取代自由黨的席位，自由黨便被邊緣化，成為第三小黨。

這個變化對邱吉爾很重要，原本他在保守黨與自由黨都有朋友，當工黨崛起，他被迫面臨要不就留在很小的自由黨、要不然就回到保守黨的兩難情況。一次世界大戰之後，像是德國的獨立社會民主黨、法國的社會主義聯盟、或是英國的工黨，都是在那時期出現的政黨。

自由黨在後來的幾次大選中殞落，變成第三小黨，有時候勉強和保守黨聯合執政。一九一八年底一次世界大戰以後，整個英國陷入非常動盪的局面。一九二二年保守黨和自由黨組成的聯合政府宣告破裂，自由黨主政的勞合．喬治政府倒台，再由保守黨的領袖包納．勞（Bonar Law）組織政府，接著一九二三年，包納．勞因為罹患喉癌辭職，沒多久後又再解散國會，重新選舉下議院。

那時已四十八歲的邱吉爾一再落選。二十六歲莫名其妙就當選國會議員的他，四十歲遭遇人生第一次重大挫折，四十八歲時又被老百姓正式拋棄。當時他已重返保守黨，但再一次落選。直到五十歲時，工黨政府倒台，那一次選舉保守黨正式提名了他，他才又回到議會，並被任命為財政大臣。

但擔任財政大臣的角色，他不只不出色，而且差點因為他的固執把英國搞垮。經濟學裡有一件非常有名的事，就是「我不承認英國不行，自然也不承認英鎊不行」。邱吉爾頑強的拿英國的外匯存底跟全世界的錢對抗，只為了維持住英鎊的地位，結果英鎊像自由落體般跌落。其實英國本來就已經沒有這種經濟實力，但邱吉爾還要硬撐。

當時，美國的帝國大廈（Empire State Building）已計劃建造，美國在經濟上變得所向無敵，邱吉爾還想鞏固英鎊做為世界貨幣的地位，當然他失敗了。英國因此損失非常多的外匯存底和黃金，皆因這位固執的財政大臣。

後來，英國議會大選，邱吉爾自然失去財政大臣的職位。從這件事得到的經驗是什麼？**一個人不擅長的事最好不要去做，儘管你是邱吉爾。**

人的命運可能從幸運開始，到了中年在挫折中結束。邱吉爾五十五歲的時候財政大臣當得很糟，從此離開政府長達十年之久，而且一直都坐在下議院最後一排。那時候不只英國經濟大蕭條，極端混亂，二次世界大戰也即將到來。邱吉爾到美國旅行，本來想去散散心，不料在美國又遇到一場大車禍。

所以英國歷史學家約翰．泰勒（John Tyler）說：「一九三五年的邱吉爾，怎麼看都是一個沒有前途的人。」二次世界大戰在一九三九年爆發，所以在二次大戰之前兩年，怎麼看邱吉爾都是一個沒有政治前途的人。

但是，當你遇到挫折的時候，也是你做準備的時候。當時的邱吉爾比任何人都認真研究德國，認真看待大蕭條，認真看待希特勒崛起，了解什麼是納粹主義。所以他後來當上英國首相，領導英國在二戰中面對希特勒時，頑強的絕不參與「綏靖方案」，因為他太了解什麼叫做希特勒主義。

第五講

沒有人不犯錯，也沒有人是天縱英才

邱吉爾在一次大戰後，已預言二次大戰的必然，因爲那時候的貴族政治家和外交家，無論是勝利者還是戰敗者，在開會討論時好像謙恭有禮，可以根據共同承認的基本原則來改造各種制度，但是對於飽受苦難的每一個國家、每一個人民，卻毫不在乎。站在使人頭昏目眩的凱旋頂峰上的領導人，在會議席上，卻放棄了戰士們在沙場浴血戰鬥所贏得的東西。

邱吉爾剛當下議院的議員時屬於保守黨。這一講要談的不只是邱吉爾的「政治變節」，還要談到他後來如何當上英國首相。雖然很多人會用「政治變節」這四個字來形容人在政黨之間的轉換，可是並不去了解原因。

前文提過，邱吉爾年輕的時候是大英帝國最登峰的時期，不論在軍事、政治、經濟等各方面。可是到了二十世紀初期，也就是一九〇一年他擔任國會議員的時候，英國在經濟上的總GDP已經輸給美國；在軍事上，則面臨德國的崛起。所以很多英國人無法接受自己不再是No. 1，也有一些英國人想讓英國再次偉大起來。

當時邱吉爾參加的是執政的保守黨，他與那時的首相張伯倫（Neville Chamberlain）有許多不同的意見。首先，在軍事開支方面，他認為英國花太多錢在軍事開支上，他覺得英國最需要的是一支強大的海軍，就可以成功的捍衛國家利益。尤其鎮壓戰爭會在當地引起很多抗爭，靠武力占領殖民地不會得到當地民眾的認可，所以只好一直打下去，軍事費用成了無底洞，付出與得到的不成正比，應該減少軍費。

這個情況其實跟現在我們所看到的美國，在中東尤其伊拉克、阿富汗的戰爭狀況很類似。邱吉爾當時早有遠見，他反對張伯倫，認為應該把節省下來的錢改善英國的民眾生活。英國當時資本主義發展到一個階段以後，已經出現了必然的貧富差距，很多老百姓的生活過得並不好；而且當時英國也出現費邊社的主張，支持社會福利等。費邊社是二十世紀初英國的一個社會主義派別，其傳統重在務實的社會建設，倡導建立互助互愛的社會服務。由於這些見解，提高了邱吉爾在群眾中的聲望。

第二個，邱吉爾和保守黨最大的衝突是自由貿易。本來英國不管是保守黨或自由黨都支持自由貿易，因為那時英國的自由就是可以占領別人的自由，怎麼會反對自由貿易呢？

可是那時英國的競爭對手，不管是美國或德國，都帶給英國危機感，所以張伯倫提議要建立一個保護英國與它所有領地在內的「關稅同盟」，阻擋第三國的商品湧入，也就是阻擋美國。而大英國協內只要屬於大英帝國的領地，全部享有特惠稅率制。

張伯倫認為，這個方法就是提高其他國家的進口貨品關稅，只有大英帝國所有的領地享有特別低的關稅，這樣才能使大英帝國再起，出現新的、前所未有的繁榮景象，美國也不能再占英國人的便宜。用現在流行的話，叫「讓英國再次偉大」？

歷史複製得太可笑。只是國家的名字，變了。

張伯倫採用這個建議，讓一些工業部門得到了好處，但是輕工業和造船業卻垮得一塌糊塗，同時也導致民眾生活費用的提高，以及生活水

邱吉爾與張伯倫是死對頭。

平的下降。

邱吉爾看到很多人反對關稅壁壘政策，他評估形勢以後，就以「保護普通民眾利益」的名義，強烈反對張伯倫。他說自由貿易和廉價糧食的制度，可以使英國人民從貧困與災難的深淵，上升到真正的大英帝國所擁有的國民地位。

這兩件事情造就他和保守黨最高領袖之間的衝突。沒完沒了的爭執之後，邱吉爾決定離開保守黨，奔向自由黨。

這就是著名的邱吉爾「政治變節」事件，很多人罵他叛黨，也相當多人說他太不可靠，甚至還有人說邱吉爾留在保守黨內，短期內難以直上青雲，但他求官心切，所以才會跑到自由黨去……但他們不會告訴你真正的原因。

邱吉爾轉向自由黨沒多久後，保守黨在一九〇五年十二月就垮台了，於是他被任命一個很特別的職位，跟他年輕時參與的很多殖民地戰爭息息相關——殖民地事務部的次長，當時他才三十二歲。

他主張從殖民制轉向政府制，有利於英國移民。意思是，**雖然是你的殖民地，但你要給他更多的自治，勝利後要用仁慈的策略手段。否則**

你此刻征服了他，很快又會爆發新的武裝反抗鬥爭。這就是邱吉爾寫出來的一個重大殖民政府主張。

他也支持費邊社主張的社會改革，在那個年代這是非常先進的觀念，因為資本主義的觀念來自於達爾文，意思就是物競天擇——在市場機制裡，沒有競爭力就該「死」，哪有什麼「失業工人法」，怎麼會給失業工人錢？但邱吉爾認為這是不對的。某個程度而言，邱吉爾沒什麼強烈的黨派觀念，這在政治上往往很不「政治正確」。

邱吉爾沒有犯過錯嗎？不，他也丟過大臉，但這是邱吉爾故事好聽的地方。

每個人都會丟臉，我也丟臉過，做過一些判斷錯誤的事，邱吉爾也一樣。所以你萬一做出錯誤的判斷，不用覺得丟臉，人人都丟臉過，只是有些人丟臉沒有被他人知道、宣揚，把它隱藏起來了而已。

邱吉爾後來在三十五歲時當上了內政大臣，前文提過他曾經在南非被囚禁過，所以在擔任內政大臣時期，他特別改善很多監獄的人權問題。但是在處理群眾抗爭的事情上，他採用相當高壓的政策，因為他認為「穩定」是很重要的事情，很多事情的抗爭是沒有道理的。這使他有的時候甚至把自己搞到了可笑的地步。

上一講中提到的倫敦珠寶店搶劫案事件之後，各家報紙都把邱吉爾當笑話，百般嘲笑。英國國王不高興，政府也不高興，從未有大臣如此大出風頭。於是國王公開宣布，以後凡是閣員大臣，皆不准參加民眾聚集搏鬥。

許多人都知道，國王喬治六世很討厭他，到後來希特勒崛起時，他任命邱吉爾當首相純屬百般無奈，是萬不得已才做的決定。張伯倫已下台，保守黨已不存在，自由黨裡最強的人也不可能組閣，尤其擔心自己可能變成戰俘。沒有人要當首相，最後才由邱吉爾出任。

邱吉爾在他得到諾貝爾文學獎的《第二次世界大戰回憶錄》第一卷〈風雲緊急〉中，寫的就是進入政壇的年輕邱吉爾，如何目睹人類的第一次世界大戰，然後再進入第二次世界大戰，從一個戰爭寫到另一個戰爭。他會得到諾貝爾文學獎，很大的原因就是他的歷史宏觀不完全是文詞本身。我在此引述〈卷一．第一章〉的小標題，可以看出邱吉爾銳利的文采：

第一章　勝利者的蠢事

一九一九——一九二九年

為消滅戰爭而戰
血流乾了的法國
萊茵河國界
凡爾賽合約的經濟條款
對賠償的一無所知
聖日耳曼條約和特里亞農條約消滅了奧匈帝國
威瑪共和
美國拒絕英美對法國的保證
克里蒙梭的下台
美國孤立政策
共產主義的兒子——法西斯
第二次世界大戰如何避免
一個可靠的和平保證

勝利者忘記了

戰敗者牢記於心

第二次世界大戰的道德淪喪

未能使德國廢除軍備

邱吉爾在這本書中敘述一次大戰到二次大戰的整段歷史，感慨人類怎麼會在那麼短的時間內愚蠢的複製戰爭，尤其是歐洲。其中有一段提到他對一次大戰所做的檢討：

其實在那時候，貴族政治家和外交家，無論是勝利者還是戰敗者，在開會討論時好像謙恭有禮，可以根據共同承認的基本原則來改造各種制度，但是對於飽受苦難的每一個國家、每一個人民，卻毫不在乎。站在使人頭昏目眩的凱旋頂峰上的領導人，在會議席上，卻放棄了戰士們在沙場浴血戰鬥所贏得的東西。

他也談到一九一九年的夏天：

協約國駐紮在萊茵河一帶，他們的橋頭堡深深侵入到沒有被擊敗、解除武裝而且飢餓的德國境內，各戰勝國的領導人在巴黎討論和爭辯未來的措施，歐洲的地圖放在他們面前，而他們幾乎可以隨心所欲的加以改繪！經過艱苦冒險拚命的五十二個月之後，同盟國終於俯首聽候他們的發落。同盟國中四個成員國，沒有一個國家能夠對協約國的意志做最微弱的抵抗！罪魁禍首的德國被公認是世界慘遭這場浩劫的元兇，現在完全聽命征服者的擺布，而征服者自己經過這番折磨也顯得踉踉蹌蹌。這次戰爭不是政府之間的戰爭，而是民族之間的戰爭，各大國的全部生命精力都傾注於憤怒與殺戮之中。在巴黎集會的各戰時領導人，在那時感到人類歷史上空前強大和猛烈的潮流的壓力。

尤其提到《凡爾賽合約》中關於領土的條文。他說：

當福煦元帥聽到《凡爾賽合約》簽訂的消息時，很精確的說：「這不是和平。這是二十年的休戰。」

因為《凡爾賽合約》的內容會使德國永遠還不了債，未來非再打仗不可，它的民族、國家、歷史雖然沒有被瓦解，但賠償金額太高了。

邱吉爾又寫道：

合約中關於經濟的條文苛刻和愚蠢，竟達到顯然不能實現的程度。德國被宣判必須繳付驚人的巨額賠款，這個規定反映了勝利者的憤怒，也反映出戰勝國的人民根本不知道事實上沒有任何一個戰敗國能付得起相當於現代戰爭費用的賠償數額。

群眾始終不了解這種最簡單的經濟事實，而一心想取得選票的領袖們，又不敢向他們說清楚。報紙和領袖們一樣，反映和強調當下流行的見解。幾乎沒有人出來說明……

這樣的賠款模式，最終的結果就注定了世界對日耳曼民族的各種壓榨，也注定了他們最後的反抗。

邱吉爾在他的《第二次世界大戰回憶錄》中說明，從一九一九年一次大戰結束之後，人類為什麼很快的走向二次大戰。這本書在一九五三年得到諾貝爾文學獎。在二次大戰期間，邱吉爾發表過好幾次重要的演說，堪稱經典。

接下來，我會談到他是用什麼樣的堅強意志，領導英國面對二次世界大戰，如何鼓舞了人們。不過請記住，邱吉爾孩提時是個口齒不清晰、講話結結巴巴的人。

沒有人是天縱英明，他是自我鍛鍊出來的。

第六講

從受盡排擠噓聲，再度登上歷史舞台

邱吉爾臨危受命，一九四〇年五月十日奉召出任首相，向德國宣戰。他以無比的堅毅面對希特勒領導的納粹，終於贏得勝利。

邱吉爾的人生在他五十歲到五十五歲時正式進入休眠期。身為二十五歲就名滿全英國的戰地記者（或稱之為英雄），以及二十六歲就出道的國會議員，他經歷了重大的中年危機。

這一講要說的故事，就是一個政治小氣鬼在二次世界大戰時領導英國，卻完全誤判希特勒的張伯倫和邱吉爾的鬥爭史。權力讓所有小氣鬼在面對大時代的時候都會失敗，哪怕面對小時代都會垮台。

一九三〇年代，適逢世界性大蕭條，希特勒在德國崛起。當時已經完全失去權力的邱吉爾，就用那段時間在全世界旅行。雖然倒楣到在美國旅行時出了大車禍，但他也特別認真研究希特勒。

邱吉爾不太懂得保持沉默，他少數幾次保持沉默，都是在他人生中最關鍵的時刻。大多數時候他都會感慨，沒有人和他一樣注意到世界正在發生大改變。最重要的改變就是希特勒上台，希特勒自一九三三年起已完全違反《凡爾賽合約》裡德國不得擴軍的協定，大幅擴軍，軍事預算光是從一九三三年到一九三四年的一年之間，就增加了90%。希特勒對德國人說：「《凡爾賽合約》對我們的待遇不公，我們和這個世界、和這些國家有不共戴天之仇，為了保障德國的尊嚴和安全，我要實施國防軍法，實行普遍的義務兵役制。」

接著他擁有了百萬兵員，在沒有和第一次世界大戰的戰勝國法國做任何商量的情況之下，他全面擴張軍隊。在當時大蕭條的背景之下，德國的失業率是44%，可知希特勒為什麼會得民心？因為那時希特勒所用的，就是我們現在所稱的「計畫經濟」。他很快就動員所有人，擴張各種軍備，等於變相擴大當時的內需，也就是政府擴大投資，主要投資在軍工業、汽車與基礎建設。

凱因斯（John Maynard Keynes）曾經回憶，他那時到德國後大吃一驚。他在全世界都看到大蕭條，好多失業工人的景況，但德國完全不同，呈現的是井然有序。

所以希特勒因為用了這些方法，使他得到老百姓相當高的支持。他也寫了繼《我的奮鬥》（*Mein Kampf*）之後的第二本書（該書直到一九六一年才由美籍德裔歷史學家格哈德．溫柏格〔Gerhard Weinberg〕以《希特勒的第二本書》〔Zweites Buch〕為名出版）。

但那時的英國卻仍在沉睡當中。

邱吉爾在那個時候沒什麼權力，曾經有人邀請他去見希特勒，可是他自己覺得這是一件要小心翼翼的事情。請注意，邱吉爾那時只是一個坐在議會後座的議員，他完全看不到自己有什麼機會能爬起來，但他還是很認真的研究希特勒，而且在國會發言談到希特勒所代表的「危險」，但是沒有人理他，全場噓聲。

那段過程中，因為他在下議院沒有發言的份，也沒什麼事幹，就在家鄉畫畫，並寫了一本《英語民族史》（*A History of the English-Speaking Peoples*）。他不只畫畫，我後來考證到一張照片，是他在家裡做工、砌磚。照理說他的家族富裕，不需要做這些事的。

張伯倫（左）和希特勒結束會議，步出會場（1938 年）

沒有多久，保守黨就由張伯倫當上首相。張伯倫大概是邱吉爾人生中最重要的政敵。兩人之間幾乎是「有你就沒有我、有我就沒有你」。邱吉爾在多次挫折之後學乖了，知道要少樹敵，他也想跟張伯倫和好，所以當保守黨在討論要推誰做領袖的時候，他很快就說：「當然是張伯倫！」

可是張伯倫明白這只是幌子，他很擔心邱吉爾，他知道邱吉爾能力很大、野心也很大，於是對朋友說：「如果吸收邱吉爾參政，他會把政府掌握在手裡，其他人連說一句話的權力都沒有。」所以全面排擠他，這就是小氣鬼張伯倫。

為什麼說張伯倫是小氣鬼？因為他一路排擠邱吉爾，直到自己垮台。而邱吉爾後來可以領導英國，在二次世界大戰的最後，某個程度上擋住希特勒的侵略，其中反敗為勝的原因就是他一點都不小氣，他組成一個全英國包容保守黨、自由黨與工黨的大聯合政府。這是完全相反的領導氣魄。

張伯倫當時排擠邱吉爾到什麼程度呢？

例如，希特勒從一九三七年就開始一步步擴張，到一九三八年想要併吞捷克時，張伯倫為了滿足希特勒的慾望，就把捷克出賣給德國，以換取希特勒不要進攻英國、法國。

當張伯倫到德國和希特勒達成協議時，邱吉爾召集一群保守黨名人開會，勸他們聯名致函張伯倫，要求他不要破壞捷克的安全，不要放棄捷克。可是與會者都不願意簽名。根據參與這個午餐會的前首相阿斯奎斯的女兒後來回憶，邱吉爾的眼裡飽含淚水，他已經預見了未來的戰爭。因為在那幾年，他比任何人都認真研究希特勒。

張伯倫在德國會議結束後回到英國，舉國上下歡喜若狂的歡迎他，認為他帶來了時代的和平。沒有人支持邱吉爾，整個英國都認為張伯倫是偉大的。是的，他丟掉了捷克，但換取了英國的安全。

而「多嘴」的邱吉爾在那個時刻又說了一段實話：

> 我們在歷史上經過歐洲軍事遭受破壞的一個可怕階段，那就是第一次世界大戰。有一天如果我們被納粹控制、落入他的勢力範圍、受到他的指使，所有的人才會知道，我們今天所謂的和平是什麼意思。

他提出嚴厲的警告：

現在歐洲的平衡被打亂了，不要以為這件事會就此結束，這不過是遞給我們的苦酒的第一口，我們正在喝下第一口苦酒，現在你們只是嚐嚐味道罷了，除非我們振作，恢復我們的戰鬥活力，英國才能像往日一樣站起來，為保衛自由而戰！

他特別與一個資深的下議院議員交換，要求上台演說（其實他自己也很資深，只是他被擺在後座冷凍起來），那場演說一針見血、痛快淋漓，後來常常被引述。但是當時在下議院響應的人不僅寥寥無幾，甚至好幾次被打斷，噓聲不斷，讓邱吉爾差點講不下去。

才不過半年左右，希特勒的軍隊就開進布拉格，捷克、斯洛伐克都被占領，義大利也占領了阿爾巴尼亞。這是一九三九年的春夏之交。小氣鬼張伯倫在他的日記裡這麼寫道：「戰爭的可能性越大，邱吉爾進入政府的機會就越多。」他想的不是英國可能面臨戰爭，也沒有預見二次世界大戰的可能性，他只想到不可以讓邱吉爾進入政府，有機會奪了他的光彩。

到了一九三九年九月一日，德國進攻波蘭，第二次世界大戰全面爆發，開始對猶太人的全面屠殺。那天，英國才知道大事不妙，連張伯倫都知道。在德軍進軍波蘭的當天晚上，張伯倫請大政敵邱吉爾到首相官邸面談。

張伯倫問邱吉爾：「你願意進入政府，成為戰時內閣閣員嗎？」這時就是考驗了，如果邱吉爾同樣小氣，就會拒絕，讓張伯倫難看。不過歷史人物跟小氣鬼的差別就在這裡，邱吉爾立即表示同意。

於是隔兩天，一九三九年的九月三日上午，英國對德宣戰，下午法國對德宣戰。同一天，邱吉爾又回到他海軍大臣的內閣閣員職位上。

一九四〇年四月四日，張伯倫還異想天開的說：「我對勝利的信心比剛開始增加十倍，因為我並不認為德國敢挑戰我們的軍隊。」

就在他大言不慚宣布能夠以冷靜沉著的心情面對所有局勢，而且英國已經有所準備之後的第五天，納粹向丹麥和挪威發動進攻，而且迅速占領這兩個國家。波蘭、捷克斯洛伐克這些中歐國家，英國人不是那麼看得起，也覺得跟自己沒有關係，可是打到挪威與丹麥，他們就覺得息息相關，因為某一個程度上，他們是同樣「高尚富有」的歐洲國家，那種心情是完全不一樣的。所以當丹麥與挪威這兩個國家淪陷以後，澈底打消英國和法國人對德國的幻想，也激起全英國朝野上下對張伯倫的極大憤慨。

當時有一位英國歷史學家寫道，英國民眾譴責身居高位的人物，遷怒於張伯倫，在整個下議院，不管是哪一黨的議員都非常憤怒，敵意的浪潮完全對準張伯倫。其中一名國會議員說：「現任政府，你們在這裡生活太久了，也做不出什麼好事，你們滾蛋吧！讓我們和你們從此一刀兩斷，看在上帝的面子，請你走吧。」

這次下議院完全一面倒，所有的執政黨與在野黨議員都在罵張伯倫的內閣。值得注意的是，那個時候邱吉爾是張伯倫的海軍大臣，也在他的內閣中。年輕的邱吉爾可能會站起來說，我完全贊成你們的意見，可是此時已經六十六歲的邱吉爾選擇緘默。他認為自己身在內閣，應該維持一定的倫理。而且凡是君子，政治上不做落井下石的事。

結果在那一次的不信任投票裡，張伯倫垮台，只獲得八十一票。但他仍然不肯走，想盡各種辦法要把那個政府維持住。別人問他為什麼，他居然說：「我如果不維持住，邱吉爾就來了。」

張伯倫不在乎希特勒來了，只在乎邱吉爾來了。

這些事眾人皆知，張伯倫當不下去了，於是找了一個跟他關係很好的人——哈利法克斯（The Earl of Halifax）。哈利法克斯是英國人，也是貴族，但他屬於上議院，上議院就是非民選。

當張伯倫故意去問邱吉爾贊不贊成哈利法克斯擔任首相時，邱吉爾的反應不是說 no，也不是說 yes，而是沉默。他知道自己掌握了主動權，他有民意最強烈的支持，一旦拒絕他進入政府，民意就會非常憤怒，這個時刻的他小心翼翼。

哈利法克斯知道，沉默就是不同意，他看懂了大局。所以，當張伯倫問哈利法克斯要不要接首相的位子領導政府時，哈利法克斯很聰明的說道：「首相應該要是下議院民眾選出來的議員，我是上議院的議員，不適合組織政府。」

我在政壇上常想起一句名言「退一步海闊天空」。哈利法克斯了解大局，那時候的英國首相是個最困難的職務，馬上就要面臨戰爭。

當這個情況還難分難解，張伯倫還想做困獸之鬥的時候，希特勒發動了西線戰事，襲擊比利時、荷蘭和法國。張伯倫這個無聊且愛好權力的小氣鬼緊抓住權力不放，說：「不能在這個時刻讓我們的政府動盪，國家現在最需要一個穩定的政府。」結果，所有的人都告訴他：「是的，我們需要一個穩定的政府，但我們不需要你。」此時，張伯倫才了解自己大勢已去，向白金漢宮的國王遞出辭呈。

於是，一九四〇年五月十日下午六點是英國歷史性的一刻，英國國王緊急召見邱吉爾。那一年邱吉爾六十六歲，離他出道隔了四十年。他曾如此意氣風發，也被冷凍那麼久。那一天，國王問他：「你知不知道我為什麼把你找來？」那時候的邱吉爾真的學會了沉默，他知道喬治國王並不喜歡他，於是回答：「陛下，我想不出為什麼。」國王就告訴他：「我想麻煩你組閣。」

邱吉爾一直渴望這個位子，也可能早就覺得自己應該坐上這個位子。但他非常謙虛，完全改變他年輕時的個性，向國王下跪，低頭欣然領命。

一位非常著名的英國政治家詹姆斯．卡拉漢（Leonard James Callaghan）說：「邱吉爾無論在任何挫折跟失敗的狀況下，都永遠是個強者，貴族的身分沒有使他成為一個隨時想要逃避、找權貴來保護自己的人。他善於鼓舞民眾，毫不妥協，敵視德國人，沒有人比他更適合在二次世界大戰領導英國。」

更了不起的是，邱吉爾當場接受後，立即告訴國王，他將要邀見不只保守黨（他那時是保守黨的國會議員），還有工黨、自由黨的議員。他說，這不是分國內政黨的時刻，而是全國一心的時刻。他要組織一個五至六人、舉國一致的戰時內閣，而且就在當天午夜。他下午被約見，幾個小時之後，就會交出內閣名單給國王。

你不得不佩服邱吉爾。

沒有等到午夜，晚上十點鐘左右他已交出五人內閣名單給國王。

第一個是曾經反對綏靖政策的保守黨前大臣安東尼．艾登（Robert Anthony Eden），擔任陸軍大臣；第二個是跟他對立的工黨明星的維克托．亞歷山大（Victor Joe Alexander），擔任海軍大臣；第三個是自由黨的領袖阿契伯德．辛克萊（Archibald Sinclair），擔任空軍大臣；工黨領袖李察．艾德禮（Clement Richard Attlee），擔任掌璽大臣。邱吉爾自己則身兼國防大臣兼下議院領袖、國防委員會主席，實

邱吉爾領導的戰時內閣合照，1940 年 5 月

際掌握最高軍事領導權。

這位艾德禮很重要。他在戰時被邱吉爾納入內閣，二次大戰結束後，他是工黨領袖，邱吉爾很想團結整個國家，把他升為副首相，但他卻很快的發動政爭，戰後三個月就把邱吉爾趕下台。

如果從政治算計來看，這不是失算，任何政治人物都不免下台，或面臨權力鬥爭，也可能因為一時失算，或者是大環境、老百姓沒有眼光，你也會下台。雞腸鳥肚的會下台，肚量大的也會下台。

在這一講的最後，我想分享邱吉爾在一九四〇年五月十三日發表的一場演說：

> 我沒有別的，我只有熱血、辛勞、眼淚和汗水貢獻給大家。你們要問我們的政策是什麼？我說我們的政策就是，用上帝所給予我們的全部能力和全部力量，在海上、在陸地上、在空中戰爭，和一個在邪惡悲慘的人類罪惡史上從未見過的窮凶惡極的暴政，進行戰鬥。這就是我的政策，也是我們的政策。
>
> 你們問，我們的目的是什麼？我可以用一個詞答覆你，勝利！不惜

一切代價的爭取勝利。無論未來的道路多麼遙遠和艱難，也要去爭取勝利，因為沒有勝利，我們就不可能生存。大家都要認識到，沒有勝利就沒有英國的存在，就沒有英國所代表的一切，就沒有促使人類朝著目標前進的這種時代要求和動力。

我滿懷興奮和希望擔負起我的工作，我深信人們不會讓我們的事業遭到失敗。在這個時候我覺得我有權力要求大家支持我，因為你們支持的不是我，你們支持的是英國，你們支持的是對抗邪惡的力量。起來吧！讓我們把力量團結起來，共同前進。

這段演講距離上一次邱吉爾警告英國將面臨希特勒威脅、在下議院不斷被打斷的演講，已經時隔五年，內容大同小異。但邱吉爾這次演講結束後，會場迸出暴雨般的掌聲，全體議員一致對新政府投下贊成票。

他成功團結了英國。

邱吉爾二戰期間最為著名的一張照片《憤怒的雄獅》（*The Roaring Lion*）

第七講

《第二次世界大戰回憶錄》

邱吉爾的《第二次世界大戰回憶錄》靈活運用文獻、口述、草稿，以小說家的筆法描述二戰人物及事件，獲諾貝爾文學獎。

我在第一講提到，邱吉爾從在印度服役時，就養成閱讀的習慣，也因而累積了豐富的學識。特別是他被英國政府冷凍，到出任首相那長達十幾年的期間，他不僅閱讀，還四處旅行。這些都是他後來撰寫出《第二次世界大戰回憶錄》的養分，他也以這部作品獲得一九五三年的諾貝爾文學獎。

這一講，我想特別跟大家分享《第二次世界大戰回憶錄》中的幾個段落，你將可以一窺他的遠見與了解他能獲得諾貝爾文學獎的理由。

《第二次世界大戰回憶錄》卷一〈風雲緊急〉中的第四章，他特別對希特勒這個人有深刻的描述。這一章的標題是這麼寫的：

雙目失明的下士／出身寒微的領袖／一九二三年的慕尼黑暴動／《我的奮鬥》／希特勒的問題／希特勒和德國陸軍／施萊歇的陰謀／經濟風暴的襲擊／布呂寧總理／一個立憲的君主政體／軍備均等／施萊歇的干擾／布呂寧的下台。

他談到希特勒是這麼崛起的：

一九一八年十月，有個德國下士，在英軍襲擊科明附近地區時，因受芥子氣侵害，一時雙目失明。當他正在波美拉尼亞的醫院住院的時候，德國各地在戰敗之餘，革命四起。他是奧地利海關一個低級稅吏的兒子，在青年時，曾夢想成為一名偉大的藝術家，但他沒有能夠進入維也納的藝術學院，而在維也納過貧苦的生活，後來又遷到慕尼黑。他有時做油漆房屋的工作，經常當臨時工，在物質上他過著極為貧窮的生活，心裡卻隱藏著極度的憤怒和怨恨，認為世界委屈了他的才幹，使他不能有所成就。他所遭遇的不幸，並沒有使他加入某些當時潮流的行列。他體面的走了相反的道路，並反而抱著一種反常的種族忠誠觀念和一種對德國和日耳曼民族的狂熱且不可思議的崇拜。當戰爭爆發的時候，他立即懷著滿腔熱情去參軍，在西線戰事一個巴伐利亞團中服役了四年。這個人就是阿道夫．希特勒的早年命運。

一九一八年冬季，當他雙目失明、無依無靠地臥病在醫院時，他覺得自己個人的失敗，似乎和整個日耳曼民族的苦難分不開了。戰敗的震驚，法律和秩序的瓦解，法國人的勝利，使這個傷勢漸漸痊癒的團傳令兵陷於極度痛苦之中，他身體衰弱、他面容憔悴，但從此卻產生出一種異常的、可以決定人類生死命運的無可估量的精神力量。德國失敗，在他看來，按通常的事理是難以理解的。他以為其中必有一個重大而惡毒的通敵陰謀。這個抑鬱小兵，只憑他自己的狹隘的個人經驗，獨個兒苦思苦想，要推究這場災禍的原因。

另一段邱吉爾筆下的希特勒，其實很像小說家的寫法：

《我的奮鬥》第一版

這個毫不引人注意的病人終於出院了，出院後仍然穿著軍服。他對於軍服，幾乎具有小學生對軍服所抱有的那種自豪感。當他揭開眼睛上的紗布時，看見的情景多麼悲慘！戰敗的騷亂實在太可怕了。在失望和狂暴的氣氛中，在他的周圍，閃現各種革命的輪廓。裝甲車在慕尼黑的大街上橫衝直撞，向驚惶躲避的路人散發傳單或射擊子彈。有些和他一起當兵的人，公然在制服上配帶袖章，瘋狂的呼喊口號，反對地球上他所熱愛的一切。好像睡夢方醒一樣，一切都突然間變得清清楚楚了，不只他看得見，他還認為他看見了陰謀，那個答案就是——猶太人。猶太人在一次大戰的後方大發國難財，而且他認為他們陰謀通敵，並且透過猶太知識分子搞國際陰謀，在背後捅了德國一刀，並且成功的把它按倒在地。他看見他的責任在眼前，他的眼睛閃耀了（那個曾經失明的眼睛），他要把德國從這些瘟疫中拯救出來，他要為德國報仇，要把這個作主人的種族帶領到它已注定的命運那裡去了。

接著是邱吉爾對希特勒信仰的評論。他提到他的著作《我的奮鬥》，說那是「信仰和戰爭的新可蘭經：誇張、冗長、雜亂無章」，但它卻鼓舞了很多人。邱吉爾這麼寫著：

《我的奮鬥》的主題是很簡單的。人是一種戰鬥的動物，因而，國家作為戰鬥者的集合體，就是一個戰鬥的單位。任何有生命的有機體，如果停止他求生存的戰鬥，這個生命有機體就注定要滅亡。一個停止戰鬥的國家或種族，也同樣注定要滅亡。一種種族的戰鬥力，取決於它的純粹性，因此，必須排除任何外來的玷汙。猶太種族由於它遍布全世界，必然是和平主義的和國際主義的。和平主義是十惡不赦的罪孽，因為它意味著生存競爭中的種族投降，所以，每一國家的首要責任就是使群眾國家主義化。在個人方面，智慧並不重要的，意志和決心才是一個人最主要的品質。

邱吉爾在一九三二年的夏天，為了寫他的《馬爾巴羅傳》（*Marlborough:His Life and Times*），訪問了馬爾巴羅在荷蘭和德國打仗時的古戰場。他們全家與一名歷史學教授同行，他認為那是一次愉快的旅行。他們沿著荷蘭到多瑙河的著名行軍路線，經過許多美麗的地區以及一個又一個古代名城時，他很自然便去打聽希特勒運動。他發現，這是每一個德國人心目中最主要的事情，他對此感到很驚訝。邱吉爾寫道：

> 我感受到希特勒的氣氛，我在布倫海姆的田野走了一天之後，乘車到慕尼黑，在那裡住了差不多一個星期。

邱吉爾在慕尼黑時還差一點見到希特勒。他自己寫了一段敘述：

> 在慕尼黑的旅館裡，有一個不速之客來拜訪我們中間的一些人。他是滕格爾先生，他說了一大堆關於「領袖」的事，看來他與領袖有密切的關係，看上去他是一個精神飽滿又健談的人，而且操著流利的英語，因此我就邀請了他共進晚餐。
>
> 他為我們生動的講述希特勒的見解和活動，說得好像著了魔一樣。我認為他可能是受命來和我接觸的，顯然一心想博取我的歡喜。吃完飯以後，他又走到鋼琴旁邊，又彈琴、又唱歌，彈唱了許多曲子，別具一

格，我們都得到了極大的享受，而且他似乎完全知道我所喜愛的英國歌曲，他們的情報做得太好，他是一位極會應酬的人，而且當時我們也知道他是希特勒領袖所寵愛的人。他說我應該見見希特勒，而且再方便沒有，希特勒先生每天五點鐘左右都會到旅館來，一定很願意和我談談。

當時我對希特勒並不抱有什麼強烈的民族偏見。……我只是對這位領袖的好朋友滕格爾先生說：「你們的領袖為什麼對猶太人這樣殘暴？憤恨那些幹過壞事或反對國家的猶太人，我是能夠完全理解的；可是如果由於他們在生活的任何方面都想實施壟斷，因此加以反對，這個我也可以理解的。但是，單單為了一個人的血統便加以反對，這是什麼意思呢？任何人對自己的血統，又怎麼能夠自己作主張呢？」

這位滕格爾先生一定把我這番話轉告了希特勒，因為到第二天的中午，他帶著很嚴肅的神情趕到我所住的地方，告訴我，他說：「你想見希特勒的事情已經不會實現了，那天下午希特勒不能到旅館來。」

後來希特勒大權在握，開始進行猶太種族主義的屠殺，曾幾次刻意的邀請邱吉爾，但邱吉爾全部謝絕了。

在他的回憶錄裡，邱吉爾也描述那時世界的局勢，他提到：「美國仍然全神貫注，致力於極速變化的國內事務和經濟大蕭條。歐洲和遙遠的日本，凝視著德國軍事力量的興勃。」

一九三一年的時候，全世界對於日本侵略中國大陸東北三省，其實是沒有什麼注意的，但邱吉爾並沒有忽略。他寫道：「一九二九年到一九三一年的經濟風暴，對日本的影響並不亞於對世界其他部分的影響。」他在書裡很認真的考證：

自一九一四年以來，日本的人口由五千萬增加到七千萬。它的冶金工廠由五十家增加到一百四十八家。生活費用不斷上漲，稻米的生產卻停滯不前，輸入糧食又非常昂貴。原料和國外市場的需要日益迫切。在嚴重的經濟大蕭條期間，英國和其他四十個國家都不得不採取高關稅政策，以抵制其他的日本貨物。而中國不僅一向是日本棉織品和其他工業製品的主要輸出市場，也幾乎是日本取得煤和鐵的唯一的來源，因此重新確保對中國的控制，便成了日本政策的主要目標。

他還在書中敘述一九三一年的整個過程：

一九三一年九月，日本以一次地方性的騷亂為藉口，占領了瀋陽和南滿鐵路的沿線各地。一九三二年一月，日本要求中國解散一切反日團體。經中國政府拒絕後，日本於一月二十八日在上海公共租界以北登陸，中國進行了英勇的抵抗，雖然缺乏飛機、反坦克炮和任何現代武器，但仍然堅持抵抗達一個月以上。……一九三二年初，日本成立了滿洲傀儡國。一年以後，中國的熱河省又被兼併，而且日本軍隊深入到沒有設防的區域，直達長城。這種侵略行動，是和日本遠東勢力的增長以及它在海洋方面所取得的新的海軍地位是一致的。

日本對華的暴行，從第一槍開始就在美國引起強烈的反對，但美國的孤立政策卻採取了騎牆的態度。

邱吉爾提到那時的國際聯盟。國際聯盟在一九三三年二月時，雖然宣布不承認滿州國，但並沒有對日本進行制裁，也沒有採取任何行動。日本卻在一九三三年三月二十七日退出國際聯盟。

邱吉爾說，當時從英國、法國到美國，大家都：

陶醉於悅耳的陳腔濫調，不願意正視希特勒跟日本軍國主義的崛起。所有這些不愉快的事實，沒有人要管，只求譁眾取寵、獲得選票，而不顧國家的根本利益，也沒有人真心誠意的愛好和平，只想要逃避，以為逃避就可以換來和平，一提到歐洲問題就感到厭煩。那種強烈的妥協主義支配英國當時的工黨，而英國的自由黨人又熱衷於不切實際的想法。昔日戰時偉大的領袖——勞合．喬治沒有辦法為他的事業繼續奮鬥。所有這些都勾畫出當時英國的昏庸、愚昧、委靡不振，還有美國也是如此。這裡頭沒有詭詐，但罪責難逃，雖無惡意或陰謀，但對世界陷入恐怖和悲慘的境地卻產生了關鍵性的作用，它也注定了未來更大的恐怖、更大的悲慘，終於爆發了人類所經歷無可比擬的世界大戰。

《第二次世界大戰回憶錄》中，有一段故事一般人不太會注意到，因為是放在註釋裡。他說，有一次他在牛津大學俱樂部裡，用一小時的時間讓學生們問問題，其中有一個學生站起來問道：「你認為德國是上次戰爭的罪魁嗎？」他回答：「當然是的。」他指的是一次世界大戰。結果有一位獲得羅徹斯特（Rochester）獎學金的德國青年站起來說：「你對我的祖國如此侮辱，我不能再待在這裡了！」說完，那名學生在一片喝采聲中大踏步的走出會場。邱吉爾寫道：「我當時並沒有生氣，因為我知道他來自於德國，我覺得他是一個有志氣的孩子。可是兩年後，因為納粹發現他的祖輩中有一個猶太人，他在德國的前途不只斷送，後來也被送入集中營。」這就是那個時候世界的真正景象。

從這些段落，可以看到邱吉爾對人的描述及大歷史交叉寫作的功力。那時他的人生只剩一個後座國會議員的職位，這對年紀輕輕就取得權力的他來說，實在是太小的位子。但他沒有浪費時間，反而廣泛去接觸各種人，理解國際局勢。所以，我常奉勸許多人，**不要把挫折當挫折，挫折是你休息的時候，是讓自己可以再學習的最好的時間點，因為平常太忙碌了，這時你才有機會去看得更多、學得更多。**

邱吉爾真的是如此。他每一次政治生涯遭逢低潮時，都會寫出一本書，包括《第二次世界大戰回憶錄》，也是他被政敵艾德禮發動政爭，英國選民無情的在戰後三個月把他趕下台後，才開始撰寫的。

邱吉爾（右一）察看倫敦被炸毀的建築廢墟，1940 年

第八講

戰時內閣與下野人生

二戰期間，英國人倍受戰爭煎熬，工黨趁機以謊言迷惑選民，獲得勝選，邱吉爾領導的保守黨政府全面潰敗，離希特勒舉槍自殺不過三個月。

二次世界大戰結束，英國是戰勝國，可是由於戰爭時刻在邱吉爾頑強的領導之下，所有工廠都轉為軍工廠與軍事後勤工廠，老百姓的生活所需全都從美國或其他國家進口。即使戰爭結束，要養一頭牛、一隻豬，要生產乳酪，都需要時間，但人民的耐性卻很差，他們也在那個年代「被帶風向」，毫不講理，無法等待。

邱吉爾本來希望，他在戰時組成的聯合政府至少可以延續到日本戰

戰爭勝利時，邱吉爾向民眾揮手致意，比出他標誌性的「V」字手勢

敗投降，但當時的工黨不肯，邱吉爾一手提拔的副首相艾德禮發動政爭，邱吉爾無奈之餘，只好下令解散國會，開始進行全國大選。

他雖嚴厲的批評工黨，一路反對戰爭，老百姓卻不想聽他滔滔不絕的「往事」。離希特勒舉槍自殺不到三個月，工黨在那次大選中一面倒的勝利。邱吉爾領導的保守黨政府全面潰敗，席次整整少了一半。當時的艾德禮承諾：「我們義無反顧，一定要讓老百姓有飯吃，我們不會讓戰勝的英國人活得像乞丐。」

這當然是謊言。戰後英國自城市、工廠到農村，一片破碎，要重整原來的生產，包括工業、農業，至少要一年的時間。於是工黨上台後，任命糧食大臣班．史密斯（Sir Benjamin Smith），偏偏他是個胖子。其實他也不是有錢人，計程車司機出身，因積極參與工會而開啟政治生涯，當糧食大臣時已六十七歲。工黨違背了他們的諾言，因為那是誰也做不到的謊言。邱吉爾不發一語，選擇看他們自己挖的坑，自己鬧笑話。倫敦人拿著史密斯大臣肥胖身子的照片，寫上標語：「餓死史密斯」表達對食物配給政策的憤怒。為了消除民怨，史密斯特別承諾自己吃的食物和人民配給的都會一樣；但當他提到一．五盎司的起司和一盎司的奶油時，民眾根本不買帳，一怒之下把「餓死史密斯」的抗議標語改成「榨死史密斯」，說從他肥胖的身上榨出的油，可以鋪滿倫敦一整條街。

工黨無法兌現選前承諾，當然不得人心，邱吉爾那時是反對黨的領導者，他其實可以在短時間內發動對工黨的不信任投票。但他沒有這麼做，因為他知道當時的英國正處於風雨飄搖之際，英國雖然是戰勝國，卻是個破產國家。他堅持一種君子的態度。

這就是為什麼我要談邱吉爾；邱吉爾當然有他的缺點、他的挫折。他有年輕人的血氣方剛與勇於冒險；他有貴族身分，卻敢站到前線戰場，後來中年時學會了沉默。但**他一生中從來沒有改變的一件事，就是他一直是個君子，不曾是個小人**。所以在二次

1945 年工黨勝選後，艾德禮（左一）與國王喬治六世會面

大戰之後，雖然他被趕下台，也為此氣憤不已；但他並沒有因為工黨在選前的吹牛，就發動對他們的倒閣。

一九四五年底，大部分英國人知道自己的國家已經破產了，於是大蕭條時期最重要的經濟學家凱因斯被英國工黨政府請求當特使，至美國向杜魯門總統要求半贈半借錢。凱因斯本來也以為，以他在大蕭條期間對美國小羅斯福總統「新政」的貢獻，應該會被美國當成朋友，熱烈歡迎。

其實工黨只是一廂情願、異想天開，以為他們跟美國之間有著兄弟情誼，他們根本沒有想到，一八九五年美國在經濟上超越英國以後，已經設法讓自己變成世界第一強國。二次世界大戰時，美國從大蕭條變成全世界所向無敵的第一大國，接任小羅斯福的杜魯門總統更根深蒂固的認為，是美國本身的偉大救了美國，然後偉大的美國又救了全世界。所以二戰的美國已經擺出老大哥的姿態，而且這個老大哥可能根本就想趁機讓大英帝國變成小英帝國。美國這麼做並不是因為反帝國主義，而是要維持美國世界第一的位置。一九八五年的《廣場協議》（*Plaza Accord*），美國也是這樣對付日本，現在對中國也是如此。這是美國一貫的歷史慣例。

英國派凱因斯擔任特使，向美國提出的方案有三筆。第一筆是無償餽贈；第二筆是低息貸款；第三筆才是正常利率的貸款。結果杜魯門總統全部否決，最後英國只得到一半正常利率的貸款，另一半還是高利率貸款，完全沒有得到他們想要的半毛贈與。高息貸款英國顯然付不出來，所以從美國回來的凱因斯說服艾德禮縮減國家軍事預算，其中最重要的就是英國在海外的駐軍。

第五講曾談到邱吉爾和張伯倫的恩怨，兩人的衝突點之一，就是邱吉爾主張給予殖民地高度自治，減少海外軍事赤字。十年後當凱因斯告訴英國首相艾德禮，英國沒有能力繼續維持這些殖民地的軍事費用，英國才把這些軍事費用砍了，開始從殖民地撤軍。

翻開歷史來看，一九四六到一九四八年正是英國殖民地獨立的高峰期。原因就是美國不借錢給英國，不是英國自覺殖民帝國主義有什麼錯誤。其實萬一美國人那時候發神經借錢給英國人，英國的駐軍還在，這些殖民地要獨立其實很困難，所以英國是被迫讓它的殖民地獨立。印度的國父甘地、緬甸的國父翁山將軍（翁山蘇姬的父親）等，都是在那個環境下起來反抗的。他們能夠成功，一方面正是因為英國在當地的駐軍已撤走大半，留下來的也發不出軍餉。**我曾經開玩笑說，到底讓印度獨立的主要貢獻者是偉大的甘地，還是不想借錢給英國人的美國總統杜魯門呢？其實若把歷史拉遠來看，相當有趣。**

看到英國這副景象，邱吉爾的太太對於他當時輸掉大選有感而發的說：「搞不好這是因禍得福。」邱吉爾自己也認為，即使由他擔任首相，他也沒有能力解決這個問題，因為美國一樣不會借錢給他，這已經是國際現實。所以他很慶幸自己敗選了，因為如果他當選的話，會看到印度在自己手中掙脫英國統治，尤其是發生於巴勒斯坦的悲劇。他看著巴勒斯坦的難民，曾經說：「我很想把這一切從我的腦袋裡趕出去。」所以幾年後，他很慶幸自己被英國的工黨及選民無情的趕出首相官邸。

這故事說明了：**勝利者未必是真正的勝利者，失敗者也未必是真正的失敗者。**身為在野的反對黨成員，邱吉爾開始到全世界演說，建立他在全世界的聲望。

我們可以想像那時的英國：在選前靠吹牛說謊當選的艾德禮首相，最後還是讓老百姓在食品配給管制下生活；政府破產，美國又不肯借錢，大英帝國就在艾德禮手中瓦解了。對世人來說，讓殖民地瓦解是正確的事情，可是對英國人來說，大英帝國的光榮就在他手中結束了。艾德禮的名聲跌到最低點，到處都有人嘲笑他，有人還叫他「笨老頭」。但邱吉爾反而在國會裡說：「艾德禮先生貴為英國首相，也是戰爭時期的副首相，在英國贏得戰事中有重要的貢獻，他是忠貞的愛國之士，我不准你在這裡叫他『笨老頭』。」

所以我說，邱吉爾一生都是君子。一九五〇年六月，後來韓戰爆發，他更高興自己不是首相，他說否則我又得參戰，人家又要叫我「戰爭販子」。他很討厭這個名稱。那時他也很少至下議院演講，他保持沉默，常常去休假。關於他下野時期的故事，我覺得其實很精彩也很生活化，我想花點篇幅著墨一下。

邱吉爾前一次下野的時候，曾投入於繪畫。第二次下野，他畫畫的時間越來越長，也越來越認真。這時他的地位當然與過去不一樣，陸軍元帥哈羅德．亞歷山大（Harold Alexander）把他軍隊徵收的一棟豪華別墅交給他使用，這棟別墅可以俯瞰義大利的科摩湖，邱吉爾就以當地壯麗的風景開始作畫。他擅長畫風景的名號漸漸傳開，那時許多富豪都指定要買他的畫。很可笑吧？他的畫賣了很高的價格，因為他是邱吉爾。他還寫了一本名為《繪畫自娛》（*Painting as a Pastime*）的書，風行一時。時任英國皇家藝術學院院長的阿爾弗雷德・蒙寧斯（Alfred Munnings）爵士，還決定把邱吉爾當成出類拔萃的榜樣，讓他獲選為皇家藝術學院的特別榮譽會員。

所以，失敗與失去是兩回事。一個人即使在某些事情上失敗，如果不把失敗當作失去，像邱吉爾這樣慶幸自己不用去管英國這些很難堪的事情，而且維持一個君子風範，就不會覺得自己失去什麼了。邱吉爾在下野期間畫圖畫得很開心又得意，據說有一次蒙寧斯爵士問邱吉爾：「哪天如果你走在街上看到畢卡索（*Pablo Picasso*）走在你前面，你會怎麼樣啊？」邱吉爾回他說：「我會踢他屁股啊！」這就是邱吉爾，講話幽默有趣。

邱吉爾繪製索爾格河（Sorgue river）的景色

邱吉爾在二戰時贈與美國總統羅斯福的《庫圖比亞清真寺宣禮塔》（*The Tower of the Koutoubia Mosque*），2021 年由收藏者安潔莉娜 · 裘莉（Angelina Jolie）以 830 萬英鎊賣出

不過，邱吉爾在二戰後做的最重要的事還是寫作。從一九四五年選舉落敗之後，除了繪畫，就是傾力撰寫他的二次大戰回憶錄，這個寫作工程非常浩大，成書字數超過兩百萬字。這可能是諾貝爾文學獎最龐大的一部得獎作。人們說他創作的祕方就是三個D，第一個D是「文獻」（Document），第二個D是「口述」（Dictation），第三個D則是「草稿」（Draft）。

什麼意思呢？第一個，Document。當時他離開唐寧街首相官邸時，新政府問他想要什麼，有人要給他爵位，有人要給他各種財物，但他說，他不要錢，不要榮銜，只要他任內屬於他私人收藏的戰時官方文件。他把那些文件收到他書房的私人檔案室裡，這些文件讓他後來得以寫出沒有人可以超越的《第二次世界大戰回憶錄》。因為一般法律規定，所有的官方文獻要五十年後才可以公開，所以當時想要了解二次世界大戰，只能透過邱吉爾所出版的這本書。

第二個，Dictation。別人問邱吉爾為什麼不是自己撰寫，而是用口述，他說，他在口述時是閉著眼睛的，因為他正在回想那場戰爭，常常邊說邊流淚。

邱吉爾在倫敦唐寧街10號的辦公桌前寫作。攝於二戰期間

第三個，Draft。祕書很快的把草稿打出來後，邱吉爾再進行文字修改。邱吉爾沒有念大學，他曾經說：「關於我沒有念大學這件事情，如果廣為宣傳，對這個國家很有幫助。」很難想像他能完成這麼一部了不起的歷史著作。

《第二次世界大戰回憶錄》一出版就大為轟動，當時他得到的第一筆版稅，換算成今日的金額差不多是五千萬美元！他很聰明，不只把作品的連載權給英國的報紙，還給了《紐約時報》。這部書的第一卷到第五卷，才剛剛出版沒有多久，就賣出了六百萬冊，後來全世界有四十個國家、五十家報紙都大幅連載。

第二次世界大戰之後，邱吉爾又活了二十年。前十年他在政界依然活躍，但最重要的是一九五三年，他獲得諾貝爾文學獎，成為史上第二位獲此殊榮的史學家，前面一位是寫羅馬史的特奧多爾·蒙森（Theodor

Mommsen），他是十九世紀數一數二的古典學者。

一九五〇年的時候，邱吉爾還沒有擔任首相，《第二次世界大戰回憶錄》快要完成之前，他有空時也會回下議院。當時新任的財政大臣是工黨的蓋茨克爾（Hugh Gaitskell），他是個處女座，特別喜歡小題大作，什麼事情只要惹到他，他就會起身跟人辯護。有一次，他正在正經的宣示經濟政策，邱吉爾卻只顧在身上的口袋裡頭找東西，一會兒把長褲的口袋翻出來，一會兒又翻出外套的口袋，再翻出上衣的口袋，最後又是背心的口袋，渾身上下找來找去。其他議員都不知道他到底在找什麼東西，一直看他，反而沒有人注意正在說話的財政大臣，蓋茨克爾氣得對邱吉爾說：「要不要我幫你找啊！」邱吉爾嬉笑的回他：「哎呀抱歉了，我人在我的棗子塔裡。」他用這個方式來諷刺蓋茨克爾講的都是廢話，因為他完全不贊成他的財政政策。

一九五一年，英國又舉行一次大選，這一次邱吉爾所領導的保守黨以十七席勝出，老百姓還給他公道。但值得注意的是，在他下野的六年期間，他沒有發動任何政爭，因為他知道英國正處於風雨飄搖當中。後來在擔任首相的時候，他又兼任國防部長。這個從小就愛玩打仗的人，終於還是兼任國防部長。

還有一段有趣的小故事。有一次，他到美國訪問時，白宮招待他睡在林肯臥室，那是白宮裡被公認最尊貴的一個房間，可是裡面那張床很硬。你猜邱吉爾做了什麼事？他半夜偷偷溜到另一個房間去睡覺，因為他很久以前睡過，知道那一間的床鋪才豪華。他才不要什麼尊貴的林肯臥室，他要一個床鋪睡起來舒服一點的房間。

邱吉爾嗜威士忌也很出名。當時在白宮裡服侍他的女侍者，後來就自己的書中寫到，她曾經款待過邱吉爾首相，他是個酒鬼，一大早就要喝威士忌。

抗拒多年後，邱吉爾到

邱吉爾與伊麗莎白二世女王，攝於 1953 年

一九五九年才接受英國女王策封他為嘉德爵士。不過對他來講，他本來就是貴族，他的家族在英國排名第十大家族，他的伯父還是公爵，所以他根本對這些頭銜不在乎。

也在同一年，八十五歲的邱吉爾再度中風。如果你一生曾經風光過，最後中風了，你會怎樣看待自己的人生？那時邱吉爾說了一段話，這段話我特別想分享給讀者，他只簡單說：**「唉！該我的總會輪到我，算了，船到橋頭自然直。」**

第九講

這一生，受夠了！不必遺言

一九六五年一月二十四日倫敦百年大寒，邱吉爾以九十高壽去世。他只留下一句話：「這一生，眞受夠了。」

邱吉爾逝世於一九六五年一月二十四號，那天恰巧是倫敦百年大寒。

他有許多名言，其中一句是他在二十世紀世界大戰之後，對人類歷史的感慨。這句名言直到今天還非常實用：

當謊言已經環遊全世界時，眞相還沒穿上褲子。

如果你從第一講看到這裡，一定會知道這句話不只是一個從小頑皮的邱吉爾會說出的語言而已，還包括他對歷史荒謬性的參透。他的文學造詣，使他能用一種華麗的婉轉，指出人群向來跟著謊言瞎起鬨，政治講究表面功夫，他看得很破，但並非用憤怒或不平的態度面對，而是冷眼旁觀。他從來不媚俗，這使他跟一般的政治人物如此不同！

他是一個誠實的人。我之前談到邱吉爾剛開始想成為一個小說家，他的小說明明寫得很爛，卻有一堆人寫信來讚美他。他只得意了一、兩天，覺得不太對勁，因為這些信中說的小說內容跟他的文筆差異很大。他後來才發現，原來美國有一個知名小說家，名字跟他完全一模一樣。他為了不要掠人之美，寫信給對方，從此他出版的書籍上，就把自己的名字溫斯頓．邱吉爾的中間加了一個斯賓塞。他很在乎誠實，當然他也懂得妥協。他不愛說謊，所以才會說出這句名言。

政治是無情無義的一件事，他可能也感受最強，因為選民非常健忘。當年的邱吉爾根本就不是在什麼萬民擁戴之下上台。英國面臨二次世界大戰的危機，首相張伯倫下台，大家看到這種狀況，沒人要當首相，因為那可不是什麼好位子，那可能是一個要投降、要被斬首的位子。所以，著名的政治人物像哈利法克斯這些人，一個個拒絕了英國國王的任命。

邱吉爾當首相之前，請注意，德國已經攻占挪威、丹麥、比利時，兵臨法國，眼看著法國就要被打敗了。英國國王喬治六世才不得不任命他眼中的討厭鬼邱吉爾出任首相。因為邱吉爾始終很有自信，他不是會俯首稱臣、唯唯諾諾的人。如果不是在危機時代，這個人根本不會有機會走上舞台，帶領危機政府並成為世紀偉人。

我記得我在美國念博士班的時候，我的老師是非常著名的二十世紀最偉大的歷史學家之一——艾瑞克．霍布斯邦（Eric Hobsbawm），很多人喜歡閱讀他的書籍，包括他寫的《極端的年代》（*Age of Extermes*）。他當時曾經在課堂上講了這麼一段話，後來我在他的書中一直沒有找到，在此特別告訴各位，他說：「英國在二次世界大戰沒有投降，只有一個理由——stubborn。就是邱吉爾的固執、頑強。」

如果沒有邱吉爾頑強的意志力，英國的軍隊沒有能力防禦希特勒。不是英吉利海峽保護了英國，是英國那個領導者、那個並不討人喜歡、英國國王喬治六世眼中的討厭鬼——邱吉爾，出任了首相。他強硬的、固執的，堅定了一切，並且大器的帶領了不分黨派的危機政府。

邱吉爾在砲兵營查看槍枝武器。
攝於 1941 年

但當二次世界大戰英國戰勝，希特勒自殺，日本還沒有投降，二次大戰還沒有真正結束，結果大聯合政府之一的工黨已經迫不及待發動政爭，以製造謊言的方式，抓住戰後物資及糧食短缺的痛苦，提出不信任案，要求邱吉爾解散內閣，重新大選。

邱吉爾痛恨工黨，在大選中抨擊他們在大戰之前犯的錯。他說工黨一路反對英國擴軍，反對到大戰已經開打、希特勒已經快要打到英國的時候，他們才閉嘴。邱吉爾要選民不要忘記這件事情。

但我剛才提到，政治是一件無情無義的事情，他的言語被已經沒有戰爭威脅的英國人當成挾私怨報復，只是戀棧首相位置。

大選在一九四五年七月二十六日宣布結果，離希特勒自殺只有三個月又六天。等不及美國丟下原子彈結束二次世界大戰，英國就想結束這個抽菸斗的七十歲老頭。

大選宣布的前夕，據邱吉爾自己記載，那天晚上他被大難臨頭的不祥惡兆驚醒，錐心的刺痛如真如幻，大選隔天開票，工黨大勝，邱吉爾所領導的執政黨保守黨的席次只剩下一半。大戰英雄邱吉爾，出局。

年輕的時候，邱吉爾就已經是個好作家了，面對自己的出局，他寫下了一段美麗的文字。由於這段文字被很多人隨便在政治失敗時及網路上亂改，所以我特別把它摘錄下來。實際全文如下：

> 一九四〇年五月十日夜間，偉大的不列顛戰後伊始之際，我取得了國家的最高權柄，自此而後，我手中權柄的分量與時俱增，歷經五年又三個月的大戰。到了末了，敵人一個個無條件投降，而我卻遭英國選民摒棄，未能繼續領導國家的事務。

邱吉爾的太太看得比較開，跟他說，這個戰爭局面已經到這種地步，落選就算了，搞不好因禍得福。邱吉爾回答太太：「這禍可把福壓得很扁很扁……」戰後發生了很多事情，證明他太太的說法是正確的。

現在，我要快速的把邱吉爾的人生做個總結。

大戰之後，邱吉爾又多活了二十年的歲月，他其實是很高壽走的，九十歲。

據傳他在二戰後，因為搬出唐寧街首相官邸，邱吉爾莊園也不是他的，是他伯父的；他在鄉下的家離倫敦太遠了，但他依舊是英國下議院議員，在倫敦的房子又來不及裝修，於是先住在旅館裡，等倫敦的家裝修好才搬進去。

此時，人們常看見他從借住的旅館走出來，吹著口哨。所謂記者就是喜歡看一個高高在上的人跌下來出洋相，所以總是遠遠的拍攝他，但似乎沒有什麼看頭。每日就看他走出來，在街道上等車子、哼歌。

一位記者問了飯店的門房，到底邱吉爾先生在哼什麼？門房說：

「北極南極，我追趕不及……」

二戰後雖然被趕下首相的位子，前五年邱吉爾仍然維持國會議員的身分，偶爾也會回下議院憑弔一下。

工黨在那一次的大選增加了一倍席次，很多都是第一次從政，年紀輕，意氣風發。囂張的年輕議員很看不起這位七十幾歲的二戰英雄，也不覺得需要尊敬他；何況嘲笑邱吉爾，可以使這些小伙子出名。所以，當邱吉爾回到下議院的時候，他碰到工黨的幾個「三寶」。這幾個寶貝是新當選的議員，沒有發言的座位，只能在站在後面，卻對著邱吉爾罵：「鼠輩，船沉了還不快走，別再回來！」

我為什麼喜歡講邱吉爾的故事？他是如此的不凡。但歷史告訴我們，再不凡的人都要面臨失敗。失敗的智慧是什麼？低下頭來嗎？很憤怒嗎？咆哮嗎？滔滔不絕訴苦嗎？NO！邱吉爾聽完年輕工黨議員的嘲諷，停下腳步，轉過身去，朝那群罵他的年輕人，送了一個飛吻，全場哄堂大笑。

之後，他覺得待在國會很浪費他的人生，便開始埋頭撰寫《第二次世界大戰回憶錄》。那段時間邱吉爾在下議院很少發言，不講話，只是看著靠謊言上台的工黨，一一拆穿自己製造的謊言，每日煩惱籌措物資，包括奶油麵包，還有破產的大英帝國。但邱吉爾沒有太得意，這是他的人生哲學。

一九五一年，邱吉爾突然被通知，必須要回政壇重新組閣。他從來沒有這樣的準備，所以當他回去組閣的時候，回憶錄只寫好百分之八十，為了英美外交，他只好刪除一些部分罵美國、尤其是批評當時的美國總統艾森豪的內容，之後才出版。這是他人生的第二次寫作妥協。第一次是他寫《尼羅河上的戰爭》，為了從政，只好把批評英國的殖民主義、野蠻的英軍領袖的內容刪除了。

一直等到四年之後，一九五五年，八十高齡的他，才再度卸下首相

邱吉爾爵士與夫人一起慶祝他的 81 歲生日，1955 年

的職務。同年的三月一日，他為自己寫下最後的演講。

從八十歲到九十歲，邱吉爾做了些什麼呢？

這最後十年，他完成一本書叫《英國民族史》（*A History of the English-Speaking Peoples*），也重拾畫筆。那時候他跟歐納西斯船王是好朋友，八十幾歲的他還可以搭遊艇出海。這個人從年輕的時候就是一個冒險者，出身貴族，卻可以去印度、去蘇丹、在南非被捕。八十幾歲還坐歐納西斯船王的遊艇，站在前面，乘風破浪。

但到了一九五九年，他真的老了，因為摔了一大跤。我們常說老人最忌諱摔跤，於是他不再乘風，不再破浪。摔那一跤對他身體影響很大，記憶力遠不如前。

七十歲時，英國人已經覺得他是個糟老頭；但他快要八十五歲時，英國人突然很想念他，覺得再也沒有第二個邱吉爾，於是又請他出來競選。

你不覺得英國人很奇怪嗎？邱吉爾早就看穿這些事情，為了幫助他所屬的保守黨，他只好做了參選登記，實際上根本沒競選，就這樣又把他送回下議院，又當選了國會議員。這一次從一九五九年當到一九六五年，整整六年；一生滔滔不絕，一向善於演講的邱吉爾，沒有發表任何談話。

直到一九六五年一月二十四日，邱吉爾過世前，律師問他有什麼遺言，他說了一句極其簡短的話：

「這一生，真受夠了。」

邱吉爾墓地

戴高樂

他始終相信自己為法國而生，也可以為法國而死。

他臨死前，告訴家人，我的生命屬於法國，但我的身體屬於家庭。請把我安葬於家中附近的墓園。

但巴黎人，不能沒有他。過世後他的遺體以國葬儀式進入巴黎，法國人靜靜的穿過凱旋門，近百萬人竟無喧嘩，香榭大道上只有啜泣聲。

那一天，繼任總統龐畢度告訴民眾：從此法國，變成了寡婦。

而前一年，他以修憲公投複決失敗的身分，辭職下台。終生未再踏進巴黎。

他曾兩度下野，兩度都是看破了法國民主制度的渙散。人民並不知道要什麼。

他半生在叛徒、流亡、獨裁者、老頭兒的咒罵聲中度過。

他不是為了權力從政。主動下野十二年，安於鄉居生活，阿爾及利亞危機時，拒絕軍事將領請求，等於拒絕了軍事政變。

戰後十五年，他勇敢的告訴法國，殖民時代已經過去，法國必須讓阿爾及利亞獨立。他的聲望，跌了一半。

他冷看民眾的善變，卻熱愛他的祖國。

為了法國，他付出一切。

包括接受辱罵。

“或許法國
配不上這樣傑出的政治家”

第一講

為法國而生，為法國而死

父母親從小就灌輸戴高樂法國歷次戰敗的教訓，年紀只有十歲的他，就相信法國未來勢必面臨許多嚴酷的考驗，他生命的全部就是向法國做出高貴而誠摯的貢獻。

在邱吉爾之後，我一定要講述的人物是邱吉爾在二次世界大戰裡最重要的朋友戴高樂（Charles André Joseph Marie de Gaulle）。和邱吉爾一樣，他後來被法國人選為二十世紀最偉大的人物；和邱吉爾一樣，他也曾經被法國人狠狠拋棄。他二戰流亡，成為英雄；之後又被年輕左派學子認為是一個過氣的糟老頭；也和邱吉爾一樣，當他走的時候法國人流淚了，他們知道法國永遠失去了一個偉人。

法國前總統季斯卡（Valery Giscard d'Estaing）曾說，法國在二十世紀留給了世界三個名字，第一「戴高樂」、第二「畢卡索」、第

戴高樂，攝於 1942 年

戴高樂在里爾出生時的住宅，
現在是國家博物館

三「香奈兒」。法國有一座「戴高樂國際機場」，因此你可以想像戴高樂在法國地位之高。但你很難想像，他曾在法國被叫做叛國賊；你也很難想像，有很長一段時間法國人認為他應該離開法國；你更難想像，在各種危機當中，人民又把他找回來。法國人是善變的，他們的愛情如此，對待領袖也是如此。

戴高樂生於法國的里爾（Lille），一八九〇年十一月二十二日。我們現在流行談星座，戴高樂是射手座，與邱吉爾居然一樣，他比邱吉爾年紀輕一點，邱吉爾是一八七四年誕生的，他是一八九〇年出生。邱吉爾年輕的時候其實長得滿帥，後來變成一個大胖子，所以你會分辨不出年輕時候跟老年時候的他；戴高樂從小最大的特徵就是又高又瘦，非常高非常瘦，一直到他老了還如此。他從小因為長得很高，有一個綽號叫「蘆筍桿」，像蘆筍一樣又高又瘦。

他十歲時家在豐饒的法國東北部，但並不是什麼貴族。他誕生於一個中產階級家庭。有一個傳說，才不過十歲大的他，就喜歡叫很多人聽命於他，要每個人都站在戰鬥位置上。他天生就有一種能力，讓別人聽他指揮，包括他的哥哥、比他年長的人都如此。才不過十歲大的小男孩，

夏爾・戴高樂（中間）與手足，攝於 1899 年

關於他的故事已被流傳。

有次他的鄰居說：「你是英國國王，你的駐軍就在那棵大白楊樹旁邊。」他就跟他的哥哥說：「你是奧地利皇帝。」請注意，那時候第一次世界大戰還沒有發生，所以奧匈帝國勢力很大。他對哥哥說「你是奧地利皇帝」，接著又說：「你這裡有騎兵。」然後說：「我就是法國國王。」要大家開始就位，玩一般小朋友玩的捉迷藏、打仗之類的遊戲。剛開始大家不知道為什麼都聽他的，後來覺得為什麼每次你都變成法國國王，開始跟他吵架。他答：「我本來就是代表法國啊。」

這個小男孩十歲起就很特別，人們後來找到他的一本日記，他十歲時候寫的。你很難想像，一個十歲的小男孩會寫這樣的一篇日記，他說：「法國勢必會經過許多嚴酷的考驗，我生命的全部就是向它（指法國）做出高貴而誠摯的貢獻，我希望有朝一日我能夠成為貢獻者。」這個小男孩才十歲，滿臉稚氣，他不過就是在法國東北部，跟他的兄弟們玩捉迷藏的一個小男孩，卻已經胸懷大志。

戴高樂的家族跟邱吉爾完全不一樣，是個中產階級，但是非常特別的是，他們家是屬於學術型的家族。戴高樂的祖父們是歷史學者，他們對法國歷史有特殊興趣，經常講一些英雄、先賢們的故事給孩子們聽、給孫子們聽，這深深影響了戴高樂。他也常常聆聽父親亨利．戴高樂提起他早年服役於法國陸軍，參與一八七〇年普法戰爭對抗普魯士（就是後來的德國）的事跡。亨利描述他在一八七一年法國戰敗投降時，個人感到特別羞愧。他常常帶著孩子們造訪巴黎市區，到當年戰鬥、負傷以及法國投降之地參觀，而不是去什麼樂園玩耍。

戴高樂的母親與讓娜．瑪約（Jeanne Maillot）本身也是一個有法蘭西榮譽的信仰者，他們雖然都是中產階級，卻把整個歷史脈絡放在給孩子的教育裡頭。戴高樂的母親常常告訴孩子，當一八七一年法國投降時，她是如何傷心與痛苦。所以，戴高樂在很晚年的時候曾經說：「我對這個國家的熱愛與關心，是我們家族的天性，沒有其他道理。」戴高樂很愛法國，他愛法國到什麼地步？他的名字叫 Charles de Gaulle，他認為 de Gaulle 跟高盧——法國國名——是一樣的，所以連他的姓氏都告訴他，他血液裡流的、他的一切就是要為法國犧牲。他的父親在戴高樂五歲的時候就教他法國歷史。戴高樂年少的時候，喜愛閱讀偉大的哲學，這點跟邱吉爾很像。邱吉爾就算是不愛讀書的貴族，後來他可以成為一個非凡領導者，**共通點都是因為他們喜歡閱讀歷史與哲學書籍。**戴高樂最喜歡的偶像，第一個是柏拉圖，然後是康德、歌德，還有尼采。

戴高樂從小有一項特質，他只喜歡以他自己喜歡的方式鍛鍊腦力，包括閱讀歷史與哲學，他常常擱置老師交代的作業，但是花非常多的時間背誦長篇法國文學、希臘語的詩詞、以及拉丁詞句。我後面會告訴各位，戴高樂多麼有眼光，他看到了德國的崛起，所以後來還學了德文。

然而，他的成績很平庸，因為學校規定的功課他不見得願意照做，他有自己的學習方向，年紀輕輕就如此，這是高中時期的戴高樂。我常常講，如果小時候都是第一名畢業的人，這個人到底是最傑出的人，還是只懂得規規矩矩，按照別人分配給他的工作的一個填充物呢？以邱吉爾跟戴高樂的例子來說，兩個人在學校都成績平庸。因為戴高樂在高中時功課太普通了，所以他想要去念全法國最好的軍校——這也跟邱吉爾一樣，他們不是去念什麼高等行政學院這種優秀的法國領導學校，或是牛津大學，都念軍校——叫聖西爾軍事專科學校（ESM），可是因為成績不好，所以也跟邱吉爾一樣，得先去念軍事預校。

在軍事預校裡頭，戴高樂也是特立獨行，惹來一堆麻煩。他想要念的聖西爾軍校，等於是美國的西點軍校一樣，必須服從命令，什麼事情都得自律，要求非常嚴格。這當然不合於戴高樂的個性，對於一些規章他覺得很合理的就遵守，但沒有意義的他就不理睬，所以他常常沒有辦法通過檢查。

他的同學常常期盼說：「下次戴高樂又要被老師逮到什麼事情，好看他罰站。」因為他很高，而且他都會搬出一堆道理出來，所以即使被發現的時候，他還是同學們心目中的領袖，這是戴高樂從小就很特別的地方。因此當大多數的畢業生都畢業了，按照法國傳統，當從聖西爾軍校畢業的時候都會得到一個中士的軍階，戴高樂卻只得到下士的軍階。

不過那個時候，他的老師（在聖西爾軍校裡被稱作「隊長」）已經看出戴高樂的特別之處。有人問他的老師說：「為什麼你只給他下士軍階？」這位隊長說：「這有什麼關係？這個人將來會成為參謀總長。」

戴高樂有一句名言，在這裡做為一個鼓勵所有人找到自我的一段故事：

> 困頓反而會吸引有個性的人，當一個有個性的人迎向挑戰時，他會

於聖西爾軍校就學時的戴高樂，攝於 1910 年

更深刻的了解自己、找到自己。

從聖西爾軍校畢業後不久，他就碰到了一個可以為國效勞的機會，一九一四年第一次世界大戰爆發，他二十四歲，隨著後來非常有名的「貝當第三十三團」到了中東戰場。這個第三十三團非常有名，在第一次世界大戰的時候，貝當（Philippe Pétain）號稱是全法國陸軍裡最勇敢的團隊領袖，戴高樂也希望自己成為這個三十三軍團裡頭最勇敢的戰士。他樂在冒險，貝當是如此，戴高樂也是如此。不過，三十三軍團的人當時都說，他們看到了貝當和戴高樂，心想：「我們大概無法活著打完這場戰事，因為這兩個人實在都太瘋狂了！」

戴高樂參加三十三軍團才沒有多久，腿部就受重傷，被送到後方醫院療養，體能一恢復，又立刻回到戰場。很快的，他又受重傷、又被送到醫院，但是他實在很不耐待在後方，所以即使醫生還不允許他回到戰場，他的傷勢根本還沒有完全恢復，就逃出醫院。他真的是用溜的，他告訴友人說：「你幫我守住這個病床。」然後就翻過圍牆逃掉了，又重返戰場。

最後一次重返戰場的時候，他參加了一場非常著名的戰爭，這場戰爭讓法國傷亡三十萬人，叫「凡爾登之役」（Battle of Verdun）。在那次戰役，戴高樂碰上激烈的近身肉搏戰，他被德軍刺刀殺傷，也被手榴彈的碎片完全打昏，醒過來時聽到的都是德語，他從此被困在戰俘營，想盡辦法逃出去好幾次。

他逃了幾次你知道嗎？

我告訴過各位，邱吉爾曾經逃亡，後來他變成戰地英雄，然後才從政。可是那時候邱吉爾是在南非，那些布耳人太好對付了，要逃出德國人的魔掌可不簡單。戴高樂一共逃了五次，他是絕不會被命運綁住的。從他的逃獄方法也可以

從軍時的戴高樂，攝於 1915 年

知道這個人的膽識和機智。有一回他故意讓自己受傷，因為他認為醫院比戰俘營容易逃亡，他吃了小蘇打使皮膚泛黃，軍醫誤認他得了一種黃麴病，趕快把他送到醫院；但是他長得太高了，逃出醫院以後很快的就被逮到——這跟邱吉爾不一樣，邱吉爾那時候並不高，而且還沒有長胖。

雖然一次大戰後半期都是在戰俘營裡度過，戴高樂在那個時候已經看出德國是一個了不得的國家和民族，他必須要多了解這個對手。那時，他不只經常性的逃亡，而且還學了德語，他每天緊盯德軍發給戰俘的報紙了解戰

困在德國戰俘營的戴高樂為戰友們舀湯。約攝於 1916～1917 年間

況發展，就算是戰俘，他可不浪費時間，他開始從報紙學德語，有時候會寫註腳、眉批，而且還會與俘虜同伴們討論戰術和戰爭理論，也會向獄卒請教德語怎麼唸。**這個人就是不會浪費他的生命。**

由於他多次企圖潛逃，最後德軍把他移送到德國監獄裡的重刑戰俘牢房，其實以他的地位根本不應該關到那裡去，可是這件事對他的人生太重要了，為什麼？因為跟他關在一起的人都是全歐洲最勇敢的戰士，非常的重要。戴高樂不只不害怕，還好高興，因為他可以抓住機會認識這些重要人物。這裡頭包括法國空軍戰鬥英雄，名字叫加洛（Roland Garros），戴高樂問了他很多問題，包括飛機在未來戰爭中的巨大潛力。他在那裡也認識了蘇聯紅軍元帥圖卡哈切斯基（Mikhail Tukhachevsky），戴高樂在那時了解關於俄羅斯所發展的所有事情。

我為什麼講這些故事呢？因為沒多久，一次大戰結束了，一九一八年十一月十一日，當戴高樂被釋放的時候，他已經認識這些人，知道空軍的重要性，也學會了德語。**一個人從小不是自命不凡而已，他會使自己成為不凡。**儘管成為戰俘，他抓住任何學習的機會，這個人太特別了。

第二講

遠見的另一個代名詞：孤獨與誤解

戴高樂雖然成爲德國戰俘，他卻抓住機會學習德語，認識許多重要人物，對他日後治理法國很有幫助。

一次大戰結束時，戴高樂才二十八歲，很快的，天生將才必有用。他在戰爭過程中開始學習各種戰略、戰術，包括他在戰俘營裡也把握機會，不斷學習。

四年後，三十二歲的戴高樂進入陸軍參謀學院，他認為他需要更好的戰略訓練。但是他突然發現，學院裡的教官仍將壕溝戰奉為戰時的最高規格，這讓他很不開心，因為他是進來學習的，他打過第一次世界大戰，被俘虜的時候就已經跟當時法國的空軍英雄、最優秀的戰士關在一起，他知道學校教官教的東西是第一次世界大戰前的老經驗與老教材。

戴高樂在戰爭學院（1922年至1924年）

未來的戰爭一定會進步，戰術一定是往前走，一次大戰中的戰溝、戰壕根本派不上用場。

他常常和學院院長激烈辯論，還差一點被退學。最終，雖然他還是取得軍官身分畢業了，成績當然還是很爛！不過，他從學院結業之後，就自己要求到德國境內的萊茵河谷駐防一年。人生沒有一條路是白走的。他被俘虜，而且從小就聽爸爸媽媽告訴他普魯士如何打敗法國，他想要親身了解這個打敗法國的國家。這個時候，雖然一次世界大戰德國戰敗了，但他自己曾經是德國的手下敗降，被抓到戰俘營去，看過德國的精銳部隊。所以，他到萊茵河谷去，一點都不覺得法國是個戰勝國，德國是個戰敗國，所以德國沒什麼了不起——完全不是！

在那裡，戴高樂親眼目睹法國的宿敵——德國如何快速重整起來，法國軍隊的軍事力量和德國差距越來越大。法國從《凡爾賽條約》拿到一大筆錢，舉國揮霍，成為時尚之都。在那個時候，香奈兒的香水問世，整個巴黎街上都是珠光寶氣、噴香水的人。但是德國人想的是如何雪恥，如何重新站起來。

許多人把二次世界大戰歸咎於美國的大蕭條，經濟崩潰間接導致二次世界大戰；另一派是完全歸咎於希特勒。可是從戴高樂的眼中，第一次世界大戰後的《凡爾賽條約》的賠償條款帶給德國奇恥大辱，反而讓德國很快的開始振興。他在一九二二年以及一九二四年左右，寫了好幾次的信告訴他的朋友們，說：「法國將和德國再大戰一場，戰爭無法避免，而且幾乎和第一次世界大戰的型態完全不同。」他認為法國根本不了解世界真正的情勢，在未來的戰爭裡頭，缺乏足夠的準備。

當時的法國人普遍厭戰，追求和平。這很正常，法國在第一次世界大戰死亡的人數超過一百萬人，所以這時的法國追求某個程度的和平，不能說他們是錯的，但是法國可能不夠警覺全世界正在發生什麼樣的困境。其實，一個國家與人們的性格一樣，會有逃避心理；在那個時刻，法國覺得他們只需要做一件事：構築一長列的碉堡，來防禦未來德軍的攻擊。這個防線的設計者就叫馬其諾（Android Marginal），後來我

| 馬奇諾防線在阿爾薩斯地區（Alsace）的入口

們稱作馬其諾防線，史上最著名的就是這條防線。在那個時代，法國覺得他們只要做這件事情就足以抵擋一切了！

戴高樂雖然覺得追求和平很重要，但是他認為壕溝戰根本就是可笑的事情，他覺得最重要的是擁有坦克車，他認為法國雖然有備戰車，但並不足以對付德國當時最大的坦克車。他看到德國坦克車的可怕，所以在整個一九二〇年到一九三〇年代，尤其是大蕭條爆發、希特勒崛起的時候，戴高樂是孤軍奮鬥的。他在各地著書演講，希望喚醒法國人理解他已經看到的未來：唯有建構以坦克為骨幹的陸軍，才能夠保障法國的安全。

結果，法國當然沒有人要聽他的。但是有一群人卻聽到了，因為戴高樂把他的想法寫成書發表，書名叫《未來的陸軍》（*The Army of the Future*），看到這本書的是德國人，這本書反而變成德國陸軍建立第一豹式戰車軍團的基礎理論。

歷史會不會太荒謬？戴高樂的遠見一直到什麼時候才被法國人看到？你能想像嗎？

戴高樂在一九二三年到一九二六年不斷的演講又演講；一九三九

年，德軍的豹式戰車團用他的戰爭理論攻破了波蘭軍隊的層層防衛，橫掃波蘭全境；一直到一九四〇年，德國攻占丹麥和挪威的時候，法國陸軍才開始相信戴高樂，這個時候陸軍最高司令部倉促授權給戴高樂，要他建立兩支裝甲師。但是太晚了，一九四〇年五月十日，德軍對法國展開閃電攻擊，就像戴高樂早就預料的，馬其諾防線根本擋不住德軍，法軍的坦克部隊也沒有辦法趕到前線保衛法國。

儘管如此，戴高樂也沒有說：「你看吧！你們都不聽我的，我就看你們怎麼垮的。」我說過，他的血液裡頭流著愛法國的熱血，他一生下來，到他最後嚥氣的那一分鐘，他都認為他是為法國而生，他也該為法國而死。所以，他仍然嚴格的督軍，使部隊成為當時最驍勇善戰的單位。

嚴格到什麼地步呢？當時他的母親已經病危，快要走了，戴高樂的媽媽親手把他帶大，經常跟他講述故事，他跟母親的感情是很深的！但是，在二次世界大戰的時候，即使他督軍的地點離母親居住的地點沒有多遠，部隊行軍到離母親的住處只有數哩的時候，他猶豫了一下，看一眼母親的住處，鞠了一個躬，跪了下來，親吻了土地，掉下眼淚，就當成是和母親的告別。他並沒有回去見母親最後一面。

在那個時候，法軍所有的裝甲師，只有戴高樂所轄的單位能夠延緩德軍凶猛的攻勢。當時法國分成兩派，一派希望趕快跟德軍妥協；另一派則是要繼續作戰。那時候法國總理叫作雷諾（Paul Reynaud），就在這個關鍵時刻，雷諾總理指派戴高樂到英國。

這個時間點非常重要。一九四〇年六月九日，戴高樂到了英國，這也改變了戴高樂的一生。他見到英國首相邱吉爾，兩個人的首度會晤即惺惺相惜，這是一個歷史性的轉捩點。

當時的邱吉爾已經六十幾歲，算是英國政壇元老，而戴高樂只是一個剛開始在戰場崛起、被提拔為少將、會打仗的軍人而已。他們兩人見面能夠代表什麼呢？這兩個人不愧是世紀偉人，他們達成一種前所未聞的態度和協議。

戴高樂與邱吉爾（攝於1944年）

邱吉爾和戴高樂想

1940年的貝當

到的是如何犧牲像法國、英國的國家獨立主權，兩國統一，建立單一政府、單一軍隊，才有辦法阻擋德國。

英國願意這麼做，戴高樂也認為不必談什麼法蘭西榮耀，事實就是如此。所以邱吉爾曾經說：「戴高樂在六月九號搭著飛機來到英國，這架小飛機不只是載著戴高樂，還包括法國的命運。」這個提議被提出來之後，戴高樂懷抱希望回到法國，但是他發現在出國期間，雷諾總理在失敗論與投降論者的逼迫之下，已經辭職下台了。繼之而起是後來大家對法國歷史比較了解的，稱作「維琪政府」，也被稱為「投降政府」，當時擔任維琪政府總理的人是誰呢？我們在第一講談到，第一次世界大戰時期戴高樂參加三十三軍團，他覺得要跟隨著一位最會打仗的將軍，他的名字叫貝當，維琪政府總理就是貝當。此一時，彼一時，貝當當時想做的就是趕快送上一份停戰協議。

戴高樂此時站在人生的重要關口，他究竟應該支持以前的長官貝當維琪政府呢？還是為他摯愛的法國全力奮鬥呢？戴高樂後來回顧他一生，那一次是最痛苦的抉擇之一，他曾說：「我生命的一部分似乎在這一刻死掉了！這部分就是我長久以來信守的整體法國、不可分割的法國陸軍，還有我對領袖的忠誠。」然而，命運對他的呼喚，從小就十分清晰而響亮，一個沒有榮譽感的法國，就不是法國。歷史要他為法國做出高貴的貢獻，只許戰鬥，絕不許投降。他拒絕維琪政府所有要求他做的事情。

他搭上一架小飛機，再次前往英國倫敦。

這個抉擇的意義是什麼？他從此在倫敦成立流亡政府，因為他不承認維琪政府的投降主義。當時幾乎全法國都投降，德軍在一九四〇年的六月十四日毫不費力進入巴黎；八天後，法國在六月二十二日投降。戴高樂已經看清法國的情況，當時的法國人能夠勾結德軍的就勾結德軍。在二次大戰結束後，法國曾掀起一陣聲討「維琪政府賣國賊」風，包括主教、將軍，甚至香奈兒（Coco Chanel）都被抓到法庭；大街上有人動用私刑處決若干和維琪政府人員同居的女子，或是剪剃她們的頭髮。戰後半年，有位法國知識分子寫了一篇文章，登在《費加洛報》（*Le Figaro*）說：「夠了吧！不要再罵了，全法國都是叛國賊。」戰前的法國舉國都是投降主義者、明哲保身者。理由很簡單，一次世界大戰法國已經死掉一百萬人，法國人已經不想再打仗，他們認為自己可以躲過戰爭。

就在這個時刻，戴高樂在深愛法國之下離開了法國。他在為法國的榮耀而戰的心情下，切割了法國；不過，他切割的是法國舉國的投降主義，而不是法國本身。他飛往倫敦，身上只有五百塊錢美金。因為他離開時法國尚未投降，他被法國人咒罵是「叛國者、逃兵、懦夫」，甚至有人主張應該判他死刑。

可見罵人多容易啊！而講這些話的人最後自己都投降。

他一下飛機，立即前往英國國家廣播公司ＢＢＣ，發表一篇非常著名的演說〈榮譽在召喚〉，他說，法國只輸了一場戰役，沒有完全戰敗，他呼籲所有在英國國土的法國人和他聯絡。他說：「一個新的法國在這次的廣播演說中誕生了！他的名字叫自由法國。」

戴高樂每天晚上都透過收音機宣傳他的理念，漸漸的，英國人、還有在英國當地的法國人知道有這麼一個背負法國榮譽、人長得很高大的法國少將在這裡。但是你可知道，他這樣拚命不斷的演講，第一年「自由法國」號召了多少人？七千個人！法國不只國內全都投降，在國外的法國人也覺得根本不可能重建「自由法國」，這就是那個時候的氣氛。在這過程當中，讓「自由法國」這個運動可以不斷持續下去，最後成立法國流亡政府的關鍵人物不是偉大的法國人，而是邱吉爾。

那時邱吉爾不但給了戴高樂最急切、最渴望的承認，而且給予這個運動必要的資金。邱吉爾宣布，只要是認同戴高樂「自由法國」的人，不論他們身在何處，戴高樂都是他們的領袖。從那刻開始戴高樂成為反抗希特勒、反抗投降者維琪政府的最重要象徵。依靠邱吉爾及英國人民對他的支持跟慷慨，甚至有十幾位寡婦寄來她們當年的結婚禮物，她們是一群猶太人，她們太感謝他了！戴高樂在法國先是被當成叛國者，後來當法國完全被占領，憑靠邱吉爾的接濟，戴高樂開始展開他人生最偉大的戰役。

戴高樂在ＢＢＣ麥克風前宣傳「自由法國」

第三講

成立流亡政府，不投降的戴高樂

戴高樂出生於一個中產階級的家庭，在他的血液裡奔馳著歷史使命感。他後來會成爲法國的英雄，完全是一連串的堅持、挫折以及意外。

一開始，戴高樂以為在英國的法國人還很多，或者歐洲有很多人收聽BBC，會有很多法國人支持他的「自由法國」。一九四〇年七月十四日，法國的國慶日，這一天是當年法國大革命的巴士底日的紀念日。結果，即使有邱吉爾的支持，戴高樂能夠號召的只有七千個人，這其實是蠻悲慘的。

更慘的還在後面等著他。德軍在一九四〇年六月十四日進入巴黎，法國在六月二十二日投降，這裡頭的問題是什麼？就是法國的軍隊等同是希特勒的軍隊。這時邱吉爾已經看到危險，他很擔心法國駐泊在地中海港口的兩百艘海軍艦艇會被德軍接手。你必須佩服邱吉爾對這件事情的敏銳度，他沒有沉浸在私人情緒裡，他沒有罵法國人是怎麼回事，全都投降，他也沒有嘲笑。邱吉爾思考這件事的時間可能不到一個禮拜，他在一九四〇年七月三日——也就是在法國人投降之後十一天——進行一場政治軍事行動，下令突擊法國的海軍艦隊，因為他擔心維琪政府達成和德國的停戰要求，所以在德國人還來不及把駐紮地中海的法國艦隊拿走時，下令突擊摧毀在地中海阿爾及利亞北部海港的法軍艦艇。

在那次突擊中，一千兩百名的法國海軍全部喪生。邱吉爾的行動當然震驚全世界，特別是法國，法國人開始痛罵，戴高樂的「自由法國」運動與英國結盟，英國還攻擊我們法國的子弟，法國人根本不覺得邱吉爾有遠見。沒有多久，維琪政府果然把大多數的軍隊和軍艦都交給德國，阿爾及利亞北部海港這個地方從此成為最重要的軍事戰略要點。

對邱吉爾來說，扭轉二次大戰情勢是很重要的，但對人在倫敦的戴高樂來說，你可以想像他的政治處境情何以堪。他只是一個接受邱吉爾資助、來自法國的流亡者，他也沒有權利干涉邱吉爾的軍事行動。然而，整個法國抨擊的對象不是邱吉爾而是戴高樂。戴高樂對於那次攻擊當然很錯愕，他保持沉默五天，但他理解邱吉爾的戰略，他終究還是站在邱吉爾這一邊，他知道邱吉爾的長遠眼光，所以他在廣播裡向很多還可以聽到ＢＢＣ的法國一般民眾或者在英國的法國人解釋，這場悲劇性的攻擊最終而言對法國還是好的。

當然，他越幫邱吉爾解釋，就越惹禍上身，幾乎所有法國人都痛罵戴高樂。戴高樂曾經非常的痛心，他寫過這麼一段話：「我經歷了一段異常難過的時日，我甚至曾經想自殺。」對戴高樂來說，他寄以厚望的是留在英國的法國人、或者在法國會偷聽ＢＢＣ的法國人、或是在歐洲大陸其他還沒有被納粹統治的一些法國人。當他變成眾矢之的，他支持邱吉爾，等於承認他是殺死一千兩百名法國海軍官兵的兇手，他在這群人心目中的地位全垮了。

但你可能聽過人們說，**所有的挫折都會以另外一種禮物來回報**。

在這個事件之前，戴高樂一直把「自由法國」的解放運動，寄予留在歐洲大陸或是英國的法國人身上，但事實上支持「自由法國」的人並

Sur le "Massilia"
les parlementaires ont été
menés en bateau
C'est bien leur tour !

Paris-soir

Numéro 44 ✱ ✱ 37, rue du Louvre, Paris (2e)

LE GENERAL DE GAULLE
condamné à mort
par un nouveau tribunal militaire

VICHY, 3 Août.

Inculpé de trahison, d'agression à la sûreté extérieure de l'Etat pour une puissance étrangère en temps de guerre, le général de Gaulle a été condamné par contumace à la peine de mort, à la dégradation militaire et à la confiscation de ses biens.

La condamnation a été prononcée par le tribunal militaire de la 13e région, siégeant à Clermont-Ferrand.

Le général de Gaulle a été condamné en vertu des articles 71 et 79 du Code pénal et de l'article 195 du Code de justice militaire.

Heidelberg bombardé par l'aviation anglaise

BERLIN, 3 Août.

A l'aube du 30 juin, la ville de Heidelberg a été attaquée par des aviateurs anglais. Plusieurs bombes sont tombées dans différents quartiers et ont endommagé plusieurs maisons. Une personne a été blessée.

La réputation de Heidelberg dépasse les frontières allemandes. Elle le doit à sa beauté pittoresque et son architecture datant du moyen âge. Tous les étrangers, surtout les Américains, prennent grand plaisir à visiter cette ville. On ne comprend quel but l'aviation anglaise poursuivait en bombardant cette ville paisible sur les bords du Neckar.

Le Conseil des ministres a pris une décision concernant la loi sur le chômage

GENEVE, 3 Août.

Le « Petit Dauphinois » annonce de Vichy qu'une décision venait d'être prise concernant la loi du 20 juillet au sujet du chômage. Cette loi avait ordonné l'annulation de tous les contrats de livraisons pour l'état devant servir à la

1940 年 8 月，《巴黎晚報》報導維琪政府的軍事法庭判處戴高樂死刑

不多，苛求他、批評他的卻很多。從那一刻起，他的幻想破滅，而且突然發現會捐首飾、捐錢給他的人，是來自法國在非洲殖民地的法國移民，不是來自於英國本土或者是法國本土的法國人。非洲當地很多人對「自由法國」的運動非常支持，包括法屬的查德、剛果還有喀麥隆，所以戴高樂認為，或許應該轉移陣地，就把總部從倫敦遷到剛果，而且把「自由法國」改成流亡政府。

這個時間點是在一九四〇年的十月二十七日，離他被全歐陸的法國人痛罵的時間點大概是三個月之後，離他成立「自由法國」也差不多三個月左右的時間。戴高樂在法屬剛果成立「帝國防衛委員會」，慢慢的在非洲得到越來越大的支持，從此改變戴高樂在二次世界大戰中法國英雄的地位。戴高樂曾經有一句名言，我想這是他的感慨之一：

> 一個人需要有宏偉的氣度，才能夠出類拔萃，他的真實價值才能被突顯出來。但是一個人想在社會上獲得信任感，卻是最難的。

為什麼戴高樂此時在非洲成立流亡政府得到非常高的支持？因為同

1940年，貝當（左）與希特勒（右）會面

樣在一九四〇年的十月，他在一次世界大戰裡聽命的長官、也是逼他離開法國的，同時也是當時維琪政府的領導人，貝當正式和希特勒見面，兩個人簽訂協議，商討兩國之間的所有合作。包括把很多軍艦、資源都交給德國的希特勒。也因為這件事情、這場會面，使得原來痛罵戴高樂的人開始轉而痛罵貝當，並且開始發現邱吉爾當初炸沉法國艦隊之事是明智之舉。

閱讀歷史我們會知道，遠見有多麼困難；而被羞辱或是羞辱他人又是多麼容易。

選對了在非洲的法國海外殖民地為基地之後，戴高樂的「自由法國」到了一九四〇年底，不管法國境內還是法國境外的地下武力，從七千個人短短幾月之內成長到四萬人。

二次世界大戰的情勢每個月都在變化，一個人從被全面羞辱到獲得英雄掌聲，也只需要幾個月的時間；從獲得全面的掌聲到垮掉，也只需要幾個月。**所謂歷史，不是以幾年來計算，而是兩個月、三個月之內，一個人就可以從地獄到天堂，也可以從天堂再掉回地獄。**這大概是二次世界大戰這段歷史裡非常大的特色。

在二次世界大戰的過程裡，有一段值得說的故事，是有關美國總統小羅斯福。一九四〇年時美國還沒有參戰，美國基本上支持英國的邱吉爾，但小羅斯福也認為法國人要投降是你家的事。所以，當時的美國並不反對維琪政府，美國覺得法國投降不干他們的事。美國那時候並不想和希特勒全面對抗，這大概也是那時候美國的主要民意。小羅斯福既然支持維琪政府，就不可能支持戴高樂，在這個情況之下邱吉爾很為難。羅斯福在那個年代扮演很重要的角色，全世界要打贏希特勒都想靠美國，邱吉爾覺得他必須扮演一個沒有人感謝的、介於羅斯福和戴高樂之間的調解人。

我曾經提過，其實邱吉爾的脾氣很急躁，突然要他扮演一個中間的遊說、協調者，很不適合他的個性；但他了解此事的重要性。戴高樂本來是一個很傲氣、強烈自尊心的人，但他也知道沒有邱吉爾，他沒有辦法生存；他更知道他不能得罪美國。所以接下來的故事，我要告訴你什麼叫做歷史人物的忍辱負重。

戴高樂後來在法國第五共和史上，被年輕一代、戰後嬰兒潮的法國人認為充滿了獨裁霸權思想，認為他自以為是帝王。其實多數後代人並

吉羅（Henri Giraud）。
攝於 1943 年

不理解歷史，戰後嬰兒潮出生、在街上鬧事的年輕人，日子太好過了，法國在戰後一路經濟擴張，自一九四六年至一九七〇年，戰後嬰兒潮世代有自己的符號、次文化，他們歷史觀是切割斷裂的，尤其他們從來沒有經歷過戴高樂所經歷過的羞辱。

美國直到一九四一年十二月參戰，羅斯福才認識到，不能再支持維琪政府。美國本來只是因兄弟之邦支持英國，現在參戰一切才清楚，敵人是希特勒，維琪政府跟希特勒合作，所以也是敵人。但羅斯福也是個愛面子的人，他絕不承認之前支持維琪政府是錯的。怎麼辦呢？羅斯福從維琪政府裡挑選出一位將軍，這位將軍叫做吉羅（Henri Giraud），他本來在維琪政府裡做事，後來和貝當起了衝突，被德國人關起來，但從德國監獄逃了出來。羅斯福想，太好了，這樣既可以不要跟戴高樂合作，又可以找到一個代表反希特勒的法國人。他決定用這個方法整戴高樂。

如果你是戴高樂，你會怎麼辦？要爭口氣啊，是不是？我們常在人生中遇到這類事情。

戴高樂知道只有他一路看穿維琪政府，只有他一路堅持下來；羅斯福找來這個吉羅根本就是個假貨。「怎麼可以叫他取代我呢？」當戴高樂從別的管道知道事態發展，他和一般人一樣也很憤怒；但很快，他冷靜下來，說：「法國盟友已經要展開解救法屬北非的行動，他們即將派遣大軍登陸作戰，請毫不保留的參與他們的行動，不必考慮誰是領袖，不必考慮名稱，不必介意形式。因為對我而言，只有光復祖國，才是最重要的事。」

這是戴高樂面對羅斯福從後面捅他一刀、搞出一個吉羅以後的態度。在卡薩布蘭卡會議（Casablanca Conference）中，羅斯福和邱吉爾兩方會晤，等於是二次世界大戰的兩大同盟國會面。當時邱吉爾提議：「我們請戴高樂來吧！」但羅斯福還是拒絕，即使戴高樂對羅斯福已經這樣低聲下氣了，羅斯福還是不讓他參加。後來邱吉爾一再的遊說他，你們猜羅斯福怎麼回答？

他說：「我看這樣好了，我把吉羅從阿爾及利亞叫來，叫他做新郎；你把戴高樂從倫敦叫來，叫他做新娘。我們逼他們成婚吧！」這是羅斯福最後同意在未來國際會議裡，讓戴高樂出席的條件。有時，他還很生氣的跟邱吉爾說：「你幹嘛把我搞得這麼困擾？」羅斯福對邱吉爾說：「你乾脆切斷對戴高樂的援助算了，這樣你叫他聽話他就會聽話。」

戴高樂剛開始認為，羅斯福要他跟吉羅在一起實在是太過分了；後來邱吉爾曉以大義，說服他，戴高樂也同意去了，他只要求未來在北非區域的合作必須按照他的想法，而不是其他人。因為他當時已經看出小羅斯福的意圖，將來想接收法國殖民地。他一方面不只看到小羅斯福不肯承認在一九四〇年美國還沒有參戰前支持維琪政府的錯誤，他也看到美國人可能在二戰後，藉機把法國及其殖民地納入版圖的危險性。所以戴高樂堅持，想找誰來都沒關係，但是在北非，所有事都必須按他的想法來做。這個時候他手中至少有六萬名士兵。

戴高樂勉強飛到了卡薩布蘭卡，被邱吉爾說服後留下一張照片，戴高樂和吉羅兩人握了手。戴高樂握手的目的是什麼，他後來說了：「為了我的祖國。」羅斯福對對於戴高樂堅持必須按照他的想法來做，也很生氣，他發一封電報給邱吉爾，後來美國國家檔案局公布這封電報。羅斯福建議邱吉爾：「我真不知道拿戴高樂怎麼辦，我看你最好把他任命為馬達加斯加島的總督。」他看不起戴高樂到這個地步，這是屬於戴高樂的羞辱。

在卡薩布蘭卡會議上，應羅斯福（後排左）和邱吉爾（後排右）的要求，戴高樂（前排右）與吉羅（前排左）握手

在這一連串的過程中，戴高樂知道他需要美國人，他不只需要要邱吉爾，他也需要小羅斯福；於是，他在日記裡對自己寫下一段話：「我們不能忘記，我們是一群在外人之中，必須要別人協助的人。」他本來自尊心很強，受到傷害之後，這是他勉勵自己的話。當他飛到阿爾及利亞和吉羅握手，他做到非常澈底的讓步：第一、兩個人共同組織臨時政府；第二、共同出任總統，兩個總統。

可是戴高樂這麼做，後果是什麼呢？全北非，原來支持「自由法國」運動的大多數人都不服氣，因為基本上這個臨時政府還是票選出來的，兩個人共同出任總統是戴高樂的提案，投票還是由臨時政府委員會進行投票，總共有三百多人投票。一投票之後，吉羅不只沒有當總統，連任何政府職務也沒有，直接把他排除。但做手腳的不是戴高樂，是因為在北非的法國移民認為羅斯福很離譜。吉羅最後因為北非法國人移民的堅持而出局了。

如果這個決定由戴高樂自己做或自己動手腳，執意對抗美國，他便得不到美國的支持。所以我們常常說，小不忍會亂大謀，戴高樂完全證明這一點。

戴高樂抵達貝約鎮，民眾夾道歡迎

於是到一九四三年六月底，戴高樂已經成了法國人心目中最重要的領袖。後來就是大家所知道的，盟軍發動了一個叫 D-DAY 的行動，在一九四四年六月六日，同盟國展開人類有史以來最大規模、最壯觀的軍事作戰行動。在那一天，總計超過十三萬的部隊登上法國海岸，有一萬架盟軍飛機提供空中掩護。從 D-DAY 開始，就是納粹德國敗亡的倒數之日。D-DAY 之後八天，六月十四日上午十一點，一艘法國驅逐艦從英國啟航抵達法國，離德軍占領巴黎已經四年了。這艘軍艦其實是從北非開到倫敦，再從倫敦開往法國。

這艘驅逐艦上載的人就是戴高樂。他離開法國已經整整四年，已經四年了，他沒有見到摯愛的祖國。當時的報紙描述，一九四四年六月十四日下午兩點，戴高樂從軍艦走下來，踏上法國的領土。如果有看到歷史性照片的人，你們可以看到他臉上沒有笑容，只有堅毅，就好像看到母親往生一樣。他的臉充滿痛苦，高昂的身軀看起來如此脆弱，疲倦及複雜的感受交織臉龐，沒有任何過度激動的表情。他跳上一輛吉普車，到當時盟軍所光復的最大城鎮，叫貝約鎮（Bayeux）。後來的紀錄顯示，一路上他什麼話都沒有說，看著法國的領土，他的雙眼除了悲傷還是悲傷。

當他抵達貝約鎮時，居民們蜂湧而出，對他歡呼，投擲花朵；好像如今我們看到當紅歌手一樣，法國人民希望能夠撫摸他的大衣，任何可以碰觸戴高樂的機會是當時法國人最大的驕傲。戴高樂在貝約鎮裡發表一段簡短的演說，沒有長篇大論，他只是提醒當地人，法國還未到真正歡欣慶祝的時候，因為戰爭尚未完成。說完這些話，他突然唱起了法國國歌〈馬賽曲〉（*La Marseillaise*），他唱的時候又哽咽又失聲，然後高舉雙臂比一個很大的V字，勝利姿勢的V。那一天，所有貝約鎮的法國人，與他同哭。

1945 年 5 月 12 日，戴高樂慶祝二戰歐戰勝利紀念日一周年時，比出勝利手勢

第四講

寬恕你的政敵，讓法國團結一致

二次世界大戰也是展現人性的過程。在這個過程當中，某些人慷慨，某些人小氣；某些人可能有強烈的自尊心，但他的使命感，他對祖國的熱愛，讓他願意委屈求全。多少人，爲了生存，很快的投降；多少人，沒有意識到自己的軟弱，反而對眞正的英雄給予無情的批判。

一九四四年六月六日，二次世界大戰史稱 D-Day 之後的第八天，戴高樂回到了法國領土。他對盟軍光復的最大一個鎮——貝約鎮的鎮民們發表簡短演說，然後唱起了〈馬賽曲〉。這首〈馬賽曲〉，到現在法國總統大選時，有一些聲稱愛國主義的人還經常演唱著；這是很優美的一首國歌。我每次聽到，就在想這首歌最好的演唱者一定是戴高樂，但他的聲音當時沒有被錄下來。

他哽咽的唱這首歌時，你可以想像每一個音符，幾乎皆是走調的。他唱歌的音樂天分其實相當高，理由是因為他泣不成聲，他實在唱不下去。

慢慢的，德國的戰敗到了倒數時刻，許多人可能並不知道當時有一個故事。我們過去看一些歷史書上都說，巴黎之所以完全沒被摧毀，是因為維琪政府很快就投降了，法國人為了愛護他們的文物。

哇！這真的是對一群無用之人最好的美化之詞。

事實上，在納粹原本的計畫裡頭，希特勒曾經下令，一旦巴黎開始內戰，英美盟軍一進入巴黎，他要求德軍駐巴黎的司令官柯爾提茲（Choltitz）將巴黎炸毀。所以巴黎在原來的希特勒計畫裡是全部炸毀，他下令炸毀的還包括了塞納河上的四十五座橋樑、艾菲爾鐵塔，還有其他歷史著名的建築物羅浮宮、凡爾賽宮……巴黎必須變成廢墟。

巴黎可以留下來，純粹是因為柯爾提茲這位德軍駐巴黎司令官，他住在巴黎，愛上這座城市，捨不得摧毀它。所以他不僅沒有執行希特勒的命令，還派遣密使進入盟軍陣地，找到戴高樂身邊的人，告訴他這件事。於是，戴高樂只好請求艾森豪將軍（整個 D-Day 的總指揮將軍）提早光復巴黎的計畫，因為，如果希特勒發現柯爾提茲沒有按照他的命令裝設炸藥，他可能會換另一個司令官。但艾森豪不理睬他，後來，法軍將領雷克勒（Philippe Leclerc de Hauteclocque）再度和艾森豪提到他也獲得相同的情報，艾森豪念頭一轉，才同意了。

所以，這裡我想講什麼呢？**面對一個你必須完成大事時，面子和自尊心是最不重要的事。**

戴高樂自己告訴艾森豪將軍，艾森豪回他「不」，戴高樂只好派雷克勒遊說。戴高樂心想，你們都討厭我，可能跟我的個性和說話方式不無關係；那我再派另外一個人說服你，告訴艾森豪相同的訊息，結果艾森豪同意了。這裡頭只差了三天，一個人的態度就完全變了。所以當你無法說服一個人時，你可以想一想，是不是自己過去給別人的印象和成見不夠有說服力，而不是直接的攻擊對方。

那個時刻，戴高樂在日記裡寫下：

有的時候我可能要為自己的身高，過去的過度高傲和自尊心，負一點責任。但這些，都比不上偉大的巴黎。

艾森豪同意之後，八月二十二日，盟軍以一個排的兵力光復了巴黎；二十五日正式進入巴黎。德國軍隊本來就準備要投降，所以他們進去之後，根本沒有真正的交戰，就往牆上的希特勒肖像，啪啪啪發射一排子彈。原來，通報他們消息的就是柯爾提茲，這位司令官雙手放在腦後，從樓上走下來，正式投降，所以巴黎的建築文物得以被完整的保留下來。雙方不到幾個小時，就完成了投降文件。儘管如此，戴高樂並沒有特別的喜悅，他沒有說什麼太多的話，雖然這代表偉大的勝利已經接近了。

八月二十六號，戴高樂舉行一場盛大的勝利遊行，他和底下的將領們，首先重燃凱旋門下、無名戰士紀念碑前的火焰。這個動作很重要，你看一個領導者就看這些細節，他不是來宣告自己多偉大，不是來接受所有的人對他的歡呼。他做的第一件事情是帶著將領們，重燃凱旋門下無名戰士紀念碑前的火焰，告訴大家，是他們讓法國被保留下來，讓巴黎被保留下來。他知道這場戰役死傷的人太多了，他不該是在這個場合唯一接受歡呼的人。他把自己擺到後面，把自尊心擺在光復祖國後面，把戰爭勝利者的身分擺在戰亡將領的後面。然後，他才沿著壯麗的香榭麗舍大道，慢慢的遊行，走到協和廣場。

那天戴高樂在日記裡寫了一段話，太特別了。如果你是當時的戴高樂，你想想看：離開法國的時候你被別人說是逃兵，是叛將，後來證明你一路是對的；你受到美國人的羞辱，最後回到你的國家，勝利在望了。你會告訴自己什麼？這一切都太值得了，多多少少你會覺得自己是英雄吧？但答案並非如此，這也是為什麼我要講述戴高樂故事的原因。

我覺得一個了不起的人，往往具有在某個關鍵時刻自我提醒的能力。

戴高樂重回香榭麗舍大道

1944 年巴黎解放時，戴高樂在人群中演唱法國國歌〈馬賽曲〉，是他在巴黎光復後的首次演唱

在日記裡頭，戴高樂說：

我知道戴高樂將軍已經成為一個活生生的傳奇，人們對這件事情已經有一個固定的形象。所以從今天開始，不論我去哪裡演講，或者我要做出任何重大決定的時候，我都要捫心自問，這樣適不適合戴高樂以及他所扮演的角色，這樣對不對得起戴高樂的角色。

戴高樂的名言還有一句：

如果沒有偉人就不會有偉大的事功。一個人只有執意成為偉人，他才會成為偉人。

回頭來談巴黎的光復。那天遊行之後，戴高樂先是點燃火焰，然後在無名戰士紀念碑放置一個花圈，轉身向一百萬人發表演說。這個花圈是什麼呢？就是「自由法國」的象徵——洛琳十字架。當時勝利的愉悅聲響徹巴黎的每一個角落，年輕少女快樂的拋擲鮮花，孩子們坐在父母親的肩頭，在這樣熱烈的氣氛下，戴高樂在那個時刻被拍到一張照片，嚴肅的戴高樂終於微笑了。當天下午，他遊行到聖母大教堂（Notre Dame cathedral），跪在這裡，他感謝上蒼。

但緊接著他面對一個破敗的國家，怎麼重新整合？

首先，許多法國人都曾經效命於維琪政府，過去那些高官們或是知名人物，都被視為應該要嚴格審判，狠狠的報復、教訓他們。當時這件事很嚴重，有些老百姓動用私刑，每天都有超過一百名以上的男女，沒有經過合法的審理程序，就被老百姓拖到大街上，剃了光頭，甚至被活活打死。所以巴黎光復之後，戴高樂立即出發前往法國各地訪問，整整六個禮拜，他向超過一千萬民的法國同胞問候，不眠不休的化解各地方及民眾的權力之爭。

戴高樂告訴很多法國人，戰爭已經結束，請不要在國家內部再創造另外一場戰爭。他的法治觀念非常強，他認為，如果要控訴一個人通敵，第一絕對不可以動用私刑；第二、他們應該要有公平審判的權利；第三、必須證據確鑿，而且情節重大。如果一般老百姓為了求生存，只是跟德國軍官們交往，沒有出賣國家，可以免了。

那時最有名的被告叫做香奈兒。她在二次世界大戰時，在巴黎現在很著名的香奈兒公寓裡，和一個德國軍官同居。除了想確保她的房子不會被燒毀、被沒收，更重要的是，香奈兒是一個孤兒，她和妹妹一起在孤兒院長大，後來妹妹嫁給一名猶太人，所以她的姪子具有猶太人血統，被抓到集中營裡去。香奈兒與這位德國軍官結合、同居，也救了她的姪子。我不能說香奈兒必然是為了她的姪子才和德國軍官同居，但他的確救出了她的姪子。所以在那時候，包括香奈兒在內很多人都被拉到審判庭裡。其實法國人在二次世界大戰以後很討厭香奈兒，但她也很特別，她不想為自己辯護。在審判庭上，法官問為什麼跟德國軍官同居，她回答得很妙：「我和男人上床，需要看他的護照嗎？」

由於那時有太多的復仇追究審判，半年之後，戴高樂示意他身邊的人，包括好幾個文學家出來說話。他們說，法國人不要再彼此清算了，「我們承認整個國家都是賣國賊」！事實上，希特勒占領巴黎時反抗的人少之又少，不要拿指頭指別人。**當用一根指頭指向別人，有另外四根指頭指向你自己。**在許多論辯文章中，最震撼的一個大標題：「我們都是叛國賊」。突然之間，法國人不講話了。我認為，法國人有這個優點，他們有一定的自省。戴高樂也站起來呼籲全國法治的重要性，任何通敵者都必須擁有公平審判的權利，而且必須證據確鑿。

香奈兒這件事到最後不了了之，有一段時間她根本無法待在法國，她跑到瑞士去，和作曲家史塔汶斯基（Igor Stravinsky）同居。過了一段時間，她又回到法國，開了第一場時裝發表會。不過，當時法國人還是很討厭她，時尚媒體評論家把她罵得一蹋糊塗：「這個老女人手作的衣服，根本沒有什麼突破，老氣、難看死了。」她看出法國對她的敵意，聰明的她也看到法國的沒落以及美國的崛起。後來香奈兒就到美國，替一些好萊塢明星訂製衣服，又飛到紐約開時裝發表會。美國當時雖是世界第一大國，骨子裡還是很崇拜歐洲文明，全美媒體開始捧香奈兒，香奈兒才又凱旋回到法國。法國人好像得了失憶症，又開始覺得她是法國之光，香奈兒才在戰後建立巴黎時尚之母的地位。

當時，戴高樂可以說是最有資格抨擊維琪政府、貝當與他所有的閣員們的人，他其實可以把自己高高舉起，把其他人狠狠的像政敵一樣澈底消滅。但他沒有這麼做，他一直在忍受常人不能忍的痛苦及羞辱。當他得到法國人民最高愛戴的時刻，他選擇寬恕，寫下：「偉大的領袖必須十分謹慎經營他們的言行、他們的舉止、他們決策的效應。」

對他來講，如果法國在二次世界大戰之後還進行清算和報復，法國將開啟另外一場內戰，可能大多數法國菁英包括主教都要去坐牢。戴高樂選擇的方法，是把幾個在二次世界大戰裡最了不起的地下反抗軍——那些來不及等待巴黎光復，來不及等待祖國勝利而被殺害的無名英雄——高高的舉起他們，一個一個獻上花圈。

戴高樂長得很高大，他的人很驕傲，永不屈服，但是他懂得寬恕。

第五講

看破戰後人性，瀟灑下野

法國在二次世界大戰的各種羞辱中，奇蹟式的保存下來！這時候的戴高樂應該是民族英雄吧？應該享受榮耀吧？但是沒多久，法國人民就拋棄了他。

邱吉爾在二次大戰時組成戰時內閣，把反對黨的領導者艾德禮提拔為副首相，結果這位副首相在戰後立刻發動對邱吉爾的不信任案投票，也就是倒閣，他只好舉行大選。艾德禮的手下以謊言式的宣傳告訴民眾：「你看！我們雖然是戰勝國，我們每一個人卻都還像乞丐一樣，每天等著領奶油麵包，我們像乞丐國！」希特勒自殺三個月後，邱吉爾的政治前途也被他殺了。

邱吉爾的二戰知己——戴高樂呢？

邱吉爾與戴高樂，
攝於 1944 年

法國是戰勝國，也被認為是超級四強，擁有聯合國常任理事國的地位。而且法國和英國不一樣，他們根本沒有抵禦，他們的農村很快的就恢復生產。法國光復後一年，老百姓平均生活水平就恢復到一九三九年大戰之前的狀態，情況比英國好太多！但是，戴高樂也很快下台了。和邱吉爾的情況不一樣，法國老百姓太現實，在那個時候人民要的不只是戰勝國，也不只是物質方面的滿足。他們很感激戴高樂，但是，對他也有很多不滿。很多知識分子開始攻擊他，其中很大的一個原因是，法國人認為戴高樂代表的就是一種強烈的權威，一種父權形象。法國其實是一個強烈崇拜菁英、又反菁英的精神分裂社會。這是我長期對法國歷史的觀察。

可能很少有國家，像法國這麼崇拜菁英，也很少有國家像法國這樣崇拜無政府主義。所以這個國家很容易一會兒左，一會兒右；左的時候非常左，右的時候又非常右。戰勝之後，人們很感念領袖，但人性的感謝往往不會超過一年，英國人民對邱吉爾只感謝三個月。那段時間，整個法國物質生活恢復了，社會吵吵鬧鬧，從極左到極右各種主張都有。一九四六年元旦，戴高樂對全法國人民說：「如果你們不重視政府必須擁有絕對權威來恢復戰後秩序，承擔戰後的責任；你們終有一天會陷入絕境，到時候你們一定會後悔當初所做的選擇。」

邱吉爾是在一九四五年七月下台的，戴高樂親眼看到邱吉爾下台，從他的好朋友兼恩人身上，看到了人民是多麼無情。

這就是人性。人們感謝你三個禮拜、三個月、一年，過了就沒有了！戴高樂看清這件事。一九四六年的一月二十日禮拜天，戴高樂召集一場內閣會議，通常內閣會議不可能在禮拜天召開，除非是緊急狀況，所以內閣成員以為法國發生了什麼突發事件。閣員們被請到愛麗榭宮以後，戴高樂走進會議室，面容很嚴肅，與每一個閣員握手，然後請大家就座。他什麼都沒有先鋪陳，第一句就宣布：「我要退休了！」

戴高樂認為他的使命是在恢復法國的偉大，一旦法國人民覺得他們已經不需要一個團結而偉大的法國，或者是他們討厭這樣的領袖、這樣的使命感，他們覺得太沉重，那他的人生任務就已經完結了！他說到做到，戎馬半生，實質恢復法國自由與尊嚴的戴高樂將軍，離開總統府的位子，離開將軍身分，一無所有的走出愛麗榭宮，沒有帶走任何一個禮物，成了一介平民。

1946 年的 1 月 12 日，報紙刊出戴高樂辭職的消息

我自己常常接觸一些擁有權力的人，很多人對一些權力者的印象與他實質性格的真相差距很大。往往溫文儒雅的人其實很狠毒；往往看起來很霸道的人其實很溫暖。

戴高樂正是如此！恢復平民身分的戴高樂和以往莊嚴、硬梆梆的形象完全不一樣，他認為自己既是代表愛國的情操，就要有尊貴、正直、高知識分子的風範。變成一介平民以後，據他的鄰居們說，他非常斯文有禮，而且很溫暖，又很重視家庭關係。

戴高樂的私宅在一個叫作 La Boisserie 的地方，翻成中文叫拉帕斯利。現在仍有一些崇拜戴高樂的人，會去參觀那個地方說：「喔！這是戴高樂故居！」他的家是一間造型相當樸實、一般法國鄉村的石頭房子。石頭屋位於小樹林裡頭，不是什麼大莊園。中產階級家庭出生的他，未曾搜括什麼錢壯闊自己的物質。樹林外，有一個相當廣闊的、厚重的、濃密的大草原。拉帕斯利在巴黎東北一五〇哩洛林省境內，周遭環境某程度來說與戴高樂的性情很像，相當的簡樸、相當的嚴謹。他自己把日子過得跟整個社會保持距離，很澈底的平民化啊！

根據他的廚子們日後回憶所做的一些相關紀錄，戴高樂的生活很簡單，相當有軍事紀律：早上八點，全家規定一起吃飯。吃完早飯以後，戴高樂回到書房處理信函、閱讀書籍，還有寫作；他寫作能力沒有邱吉爾那麼好，也沒有邱吉爾那麼勤奮，但是他喜歡安靜閱讀。接近中午時，他會停止工作，散個步，做做運動，他說這樣中餐才吃得下。戴高樂夫妻感情很好，他們喜歡在花園和草地上散步、閒逛。一般來講，中餐對法國人是一天裡最主要的一餐，戴高樂喜歡將鄉間食品擺在花園裡頭，喝杯酒，有時喝一杯水，再加上一些簡單的三明治就可以了。然後，他通常在書房裡消磨下午的時光。

我發現所有這些了不起的人，他們都很愛閱讀，在閱讀歷史跟哲學的書籍裡，他們會找到自己，理解他們所處的時代，而不會盲從或慌亂於外面鬧哄哄的世界，讓自己的心情跟著起起伏伏。

晚間則完全屬於家庭所有。他很愛他的家，而且珍惜與家人相處的時光。他規定家裡的小孩，早餐、晚餐都要一起用餐。夫妻共有三位子女，長女叫伊莉莎白、兒子叫飛利浦、老么是女兒叫安妮。他們大部分的時光都是在家裡度過，也不會特別想再繼續與巴黎的上流人士往來。他的第三個小孩——安妮從小有智能障礙。得了俗稱的「蒙古痴呆症」，

戴高樂與小女兒安妮，攝於1933年

有些虛榮的父母親會想把這種小孩藏起來，不想讓外界知道，甚至有些父母親會覺得「戴高樂怎麼會生出這種小孩」？但讓我告訴你，戴高樂怎麼對待她。

退休後，他花最多的時間疼愛安妮。安妮雖然笨，但是對音樂有一點興趣，所以戴高樂花很長的時間陪伴她聽音樂，幫她放很多不同的唱片，給她聽收音機裡各種音樂節目，然後記錄到底安妮喜歡哪一些特別的歌曲。他經常對安妮講很多很多的故事，沒有嫌棄，反而更加的疼愛她。他的太太伊馮娜，則喜歡在花園工作，編織衣物；或到附近的村鎮裡，買先生喜歡吃的乳酪、肉品。

戴高樂離開總統職務後，曾經想過要組織政黨。後來，他和邱吉爾通了信，知道邱吉爾正在寫《二次世界大戰回憶錄》，邱吉爾建議他：「這些人啊！他們是不知感恩的，等一段時間吧。」他接受老朋友給他的建議，很快的打消這個念頭，完全沒有想要東山再起。

在拉帕斯利這間鄉村石頭屋裡，他看著巴黎一屆一屆政府倒台，他對整個法國的政治走向也越來越悲觀。某個程度，他心灰意冷，甚至懷疑這就是他努力奮鬥的法國嗎？我推測，那個時刻的他根本就不想再從

拉帕斯利的戴高樂故居

政了！

有時候他會在日記上寫道：「我希望我能夠為法國再做出偉大的貢獻，法國不該是如此。」有時候他又會寫：「這就是我當初努力的嗎？偉大火焰已經完全熄滅。」可以感覺到他內心的拉扯，因為當年戰後的狀況實在是太可笑了！

自戰後至一九五八年為止，也就是自一九四六年他離開法國總統的位子，整整十二年內，法國有多荒唐？共換了二十三屆法國政府，十二年換了二十三屆！我只知道法國人換情婦很快，還不知道他們換政府的速度這麼快。你看戴高樂多聰明，保持距離，不相往來。頂多偶爾看看他的老朋友；而他遠方的老朋友邱吉爾等了六年就東山再起！他卻有辦法在鄉下這樣過十二年，看著法國換了二十三屆政府。

其實戴高樂應該看了很難過，他想要挽救這個國家，但也很了解事不可為。一九五八年五月十三日，有一群法國高級將領不願接受當時法國總理菲姆林（Pierre Pflimlin）處理阿爾及利亞危機的模式，致電戴高樂，請求他重出政壇。對戴高樂來說，他的身體裡一直都有一個聲音，要他對法國作出高貴的貢獻。但這一刻就要衝出去嗎？想一下如果

菲姆林。攝於 1975 年

是你，你會怎麼做？

他保持沉默，沒有回覆那封電報，因為他認為如果他回覆這些將領的話，他們會搞軍事政變。他如果要取得權利，必須是合法的。這點我們必須佩服戴高樂。

到了五月十九日，過了六天，他召開一場記者招待會，這是他多年以來第一次公開露面。他告訴法國人民，他了解法國人民有強烈的危機感。當時法國中央既有的體制根本解決不了問題，他認為要解散國會，訂立一套新憲法，新憲法裡既要有總統，又要有總理，這就是後來著名的雙首長制。總統要有絕對的權力，但也要有絕對多數兩輪投票制的選票。當他提出這個要求時，一些知識分子攻擊他是獨裁者——不過這一向是巴黎知識分子的特色。

同一時間，阿爾及利亞危機越演越烈。上一講我們談到，每次戴高樂的遠見被攻擊時，時局發展都會挽救他。上次他被攻擊，結果貝當自己和希特勒見面，挽救了戴高樂；這次是阿爾及利亞危機一直擴大。當時的菲姆林總理承認自己沒有辦法控制大局，辭職不幹了，所以整個法國處於無政府狀態。戴高樂在廣播中告訴那些認為他是獨裁者的人：

「我沒有企圖傷害過這個國家多數人的基本權利，相反的，從戰前到戰後，我都盡力的恢復它。更何況我已經六十七歲了！」五月三十一日傍晚，事隔那些軍事將領打電話給他的十八天後，法國政府宣布戴高樂終於同意出面組織新內閣。這些善變的巴黎人聽到消息後，居然為之瘋狂，所有教堂的鐘聲鐘鳴不已，市民們情不自禁的一遍一遍唱著〈馬賽曲〉。人們衝到街上，浪漫的跳了一整夜的舞。那一夜，法國徹夜未眠，尤其是巴黎。

六月一日，戴高樂正式宣誓就任總理，他了解法國人難搞。但這一次他再回來，請注意，他對北非是很熟的。二次世界大戰的時候，他本來寄予希望在英國、歐陸的法國人起義，結果沒有反應，後來是靠北非的法國移民。當時他到阿爾及利亞的時候，阿爾及利亞的法國人把他視為英雄，這些在阿爾及利亞的法國人說阿爾及利亞是法國的！

這次他重回政壇，沒有先吭聲，他早已目睹了當地的伊斯蘭教徒和阿爾及利亞法國人混雜而居、自安其業的景象。他內心一直有一個沒有說出的看法，他認為阿爾及利亞的伊斯蘭教徒，應該擁有跟法國人相同的權利，他們應該擁有自己的國家。他認為法蘭西的殖民時代已經一去不復返。

所以當戴高樂重新上台時，他已經下定決心，想讓阿爾及利亞自治。可是，他太了解法國人的善變。一九五八年時，他沒有說出任何他的政治主張，他只登台，說了一句話：「我了解你們。」就像當時巴黎光復，他舉起雙手比了一個V字一樣。政治人物有時話講長了，反而會出事，所以他只說了一句話。在這個過程中，他為了達成阿爾及利亞自治，由於當地的伊斯蘭教陣線組織太激進，所以他還是先出兵，出兵的目的是逼伊斯蘭教激進陣線和巴黎政府談判，然後接著他才宣布，他考慮讓阿爾及利亞自治，並且之後獨立。

你可以想像，此刻對那些相信他的人、把他找回來處理阿爾及利亞危機的人來說，戴高樂簡直是一個瘋爸爸。尤其在阿爾及利亞的法國人簡直不敢相信，本來覺得你是我的英雄啊！叫你來處理阿爾及利亞的危機，就是保住法蘭西的最後一塊殖民地，你在主張什麼啊？當時叫他出來組閣的人，本來是希望他把阿爾及利亞打得片甲不留，然後讓法國繼續殖民統治，沒想到他的主張居然相反。從此衝突僵持了將近兩年，那時巴黎的激進分子——不是阿爾及利亞的激進分子——幾乎每天在巴

1958 年，戴高樂訪問阿爾及利亞

黎市內放汽車炸彈，從建築物的窗戶丟炸彈進去，街頭示威也是家常便飯，甚至有人試圖暗殺戴高樂。有一份文獻指出，法國軍隊中，某些陸軍將領曾試圖策動兩次政變陰謀，但都沒有成功。當戴高樂知道有人要發動政變陰謀時，他在危機前夕，向全法國的廣播電視網發表了他堅定、但很少見的感性演講。

他告訴全法國人民，他要阻止法國淪為破碎的玩物，他認為和平談判才能解決問題。一九五九年，他苦口婆心的解釋要怎麼解決問題，前面是先派兵，鎮壓伊斯蘭教激進組織，然後對峙兩年。接著，用長達三年的時間，他讓法國人同意，阿爾及利亞最終獨立。在這個過程當中，他嚴重的受傷，一開始支持他擁有更高權力的人，還占了80%左右；戴高樂在憲法修正之後再次上任，這次他的職位是總統，支持度滑落至54%。他的就職演說激怒了反對阿爾及利亞獨立的人，尤其是激進的右翼法軍將領。

一個人年輕的時候或許有些理想，決定下野可能是天真。十二年過去，好不容易才得到權力，不免想緊緊抱著它。但戴高樂就是戴高樂，他永遠記住他在戰爭中對自己寫的那句話：「我不可以對不起戴高樂這個名字。」他在日記裡寫下：

儘管一位政治家意志堅強、不屈不撓，廣受各方擁護與支持，組成穩定的聯盟關係。如果無法掌握他所身處的時代的特性和脈動，堅持他的理念，最終還是會失敗。

第六講

「我的生命屬於法國，我的身體屬於家庭」

他曾經用一切生命想換來的法國光榮象徵。他不顧生死，接受一切的榮耀，也接受一切的羞辱。他死的那一天法國成了寡婦。

一九五九年，戴高樂重新回到政壇，他被當時美國《時代》雜誌列為年度風雲人物。一九六二年，他說服法國人，法蘭西的榮耀一去不復返，讓阿爾及利亞獨立吧——為這件事情，他付出了重大的政治代價，讓在阿爾及利亞愛戴他的法國人視他為敵人。一九五九年，他重回政壇的時候，他的支持度是80％；到了一九六二年，他讓阿爾及利亞獨立；接著，一九六五年，他再度連任成為法國總統的時候，他的票數從80％滑落到只剩下54％。**所以一個人要堅持他的理念，有的時候是要放棄他的權力。**

那麼，偉人會不會犯錯？下面的故事，讓我們知道在你最成功的時候，或者說，即使享受過各種不同的榮耀，你還是可能丟大臉。戴高樂的這段小故事，會讓大家覺得如果自己也曾犯了一些錯，會感覺好一點！

戴高樂對法國的感情太深，是優點，也是缺點。他在一九六〇年代時出席加拿大獨立一百週年慶典，其實他只是外國元首的貴賓之一。加拿大屬於英語系國家，但其中魁北克省以法語為主所組成的聯邦。戴高樂在訪問加拿大期間，公開支持加拿大的法語省魁北克的獨

高呼「自由魁北克萬歲！」（Vive le Québec libre）的戴高樂

立運動。而且，在魁北克獨立運動的民眾前面，他又是把他的雙手，那雙比V長長的手、勝利的手舉了起來。

加拿大政府氣炸了！魁北克人當然有一部分很高興。法國人民呢？注意喔，法國人在一九五九年到一九六二年期間還是不肯放棄阿爾及利亞，所以到了一九六五年的時候，他們居然認為戴高樂很丟人，把法國人的臉都丟光了！幾乎全法國的媒體不分左右都在罵戴高樂。所以我就說「善變、善變，那個人的名字叫政治」，法國人認為，這個老頭子已經不合時宜了！這是他外交上的重大錯誤，戴高樂後來自己也承認這是一個錯誤。

但是，他有兩個你必須佩服的遠見。第一個遠見是針對英國。英國算是他在二戰流亡時的恩人，但那位恩人主要是邱吉爾。正因為他在英國待很久，非常了解英國的情緒，英國從來不認為自己是歐洲的一部分。所以，他在位期間，面對英國曾經數度申請加入歐洲經濟整合力量——當時叫歐洲共同市場（European Common Market），還不叫歐盟，是歐盟的前身——他一直否決。他認為，讓英國加入，總有一天英國又會回頭攪和，然後又說：「我根本不是歐洲的一部分，我要脫離歐洲。」

所以一直等到戴高樂死後，英國才參加了歐洲共同市場。但後來英國還真的脫歐了，戴高樂多有遠見！戴高樂現在如果可以講話，他大概會說：「我當時就叫你們不要讓英國參加，你看今天就有這個結果！」他的預言，等了將近快六十年才實現。

另外一個遠見，是他在一九六五年第二任總統任內已看到美元危機。美國在一九四四年，也就是二次大戰結束的前一年，迫不及待召開一場布列敦森林會議（Bretton Woods conference），目的是確定戰後經濟局勢怎麼恢復。美國建議，戰後回到金本位會產生通貨膨脹，所以全球一致以美元做為世界貨幣。黃金就放在美國聯準會地下室這裡，美國人印鈔票是以一盎司三十五美元的訂價來印美鈔。一九四四年，所有人都需要美國，美國等於挾持四十四國同意，結果各國都同意了！

直到一九六五年，當時美國對西德已經開始出現貿易逆差，美國的赤字因為越戰不斷增加，美國的戰後嬰兒潮使社會支出變得很驚人。整體而言，當時戴高樂看出美元已經沒有辦法做到在布列敦森林會議時兌黃金1:35的承諾。所以，有一天他在美輪美奐的愛麗榭宮，決定把所

戴高樂與尼克森會面，
攝於 1969 年

有的黃金都調回來。他宣布美元出現危機，從現在開始，法國要逐步把外匯存底調整成不再完全使用美元為儲備貨幣，這是一九六五年的戴高樂，是全世界第一個看出美元危機的元首。可惜他在一九六八年因修憲公投失敗提前下台，他下台三年之後，一九七一年，尼克森（Richard Nixon）片面宣布撕毀《布列敦森林協議》。

最早看出美元危機的是戴高樂；全世界在六十幾年前，唯一看出英國會脫歐的，也是戴高樂。這是戴高樂的見識和風格。

二次世界大戰法國死了很多人，戰後出現可怕的嬰兒潮。一九六八年五月，在戴高樂總統任內，巴黎學生鬧學潮。不是當時經濟出了問題，而是人口。從一九四五年到一九七〇年，法國經濟完全處於擴張狀態，整整長達二十五年，直到一九七一年全球經濟危機才停止。那為什麼一九六八年會出現抗爭呢？

一個人要倒霉，什麼事情都有。法國可能是全世界最崇尚革命的國家。他們的國慶日就是法國大革命紀念日，七月十四日。對年輕人而言，好像不搞點革命，無法成為大人，好像成年禮一樣，在他們的血液裡這是很重要的一個元素。

一九六八年的學生運動，以及全國性的大罷工，主要的導火線是戰後嬰兒潮。人實在太多了！法國人口暴增20%。光是教育體系，課堂的位置就不夠坐；第二，社會福利、各種支出的體系，還有交通運輸系統都無法負擔。學生剛開始示威，主要是想改革大學教育體系，尤其是過於擁擠的問題，實驗室太擁擠、圖書館太擁擠、教室太擁擠，擁擠、擁擠、擁擠……

我常告訴大家，時事是不講道理的。那個時候戴高樂老了，他看起來就好像跟拿破崙大帝是同學！他們厭倦戴高樂像是老爹當家作主的政治風格。那時候主要的抗爭者中，有一個人叫做丹尼爾．孔恩．本迪（Daniel Cohn-Bendit），很多法國人知道他有一個綽號叫作Daniel Red，紅丹尼。年輕、紅髮，他領導巴黎的激烈抗爭，他觸動法國人的心弦，從學生到一千萬名法國工人都參與這次的大罷工，全國工廠幾乎持續關閉三個禮拜；法國人把自己的國家帶入了經濟危機。

後來有一部電影，叫作《五月傻瓜》（*May Fool*），這部電影到一九九〇年代才敢拍，主要描述一九六八學潮的荒謬性。當時的法國有錢家庭很害怕：「哇！這是法國大革命再現！」所以，《五月傻瓜》

裡有描述一場喪禮，全家人其實感情並不和睦，可是因為是一個貴族家庭，家裡有很多銀器，還有很多珍貴的、以前皇室留下來的禮品，突然在電視上看到巴黎所發生的事情，說不定就像當年巴士底監獄的暴動，一路聲討到了凡爾賽宮，然後把他們這些貴族通通抓到街上，上了斷頭台。於是本來在吵架的一家人趕快躲到山洞，互相協助怎麼樣逃難。結

上：1968 年法國的街頭運動
下：巴黎街頭的罷工中，不滿的左翼人士打出馬克思、列寧、毛澤東的肖像

果，什麼事情都沒有。學潮鬧了幾個月，「無政府主義」主張喊了幾個月，「革命」莫名終止。

戴高樂那時先派遣鎮暴部隊壓制街頭暴動，也要求六個月的緊急處理權力。法國政府應允了學生和工人們的部分要求，他們知道學生們要求教育體制改革不是完全沒道理，只是政府不接受街頭暴動。戴高樂也再次了解到，他的時代接近尾聲了，他覺得這場危機比上次戰後的問題還要荒謬。曾經撰寫戴高樂傳記的一位作者，這麼寫道：

毫無疑問的，法國子民在徬徨、迷惑又無助的時候，需要戴高樂爸爸，他們稱他叫「Papa De Gaulle」。他們需要戴高樂爸爸，需要他的大手引領著。但是當歡樂的時候，他們突然覺得生活不缺，什麼都不要的時候，他們巴不得這個戴高樂爸爸讓自己早點開步走。

有一天，戴高樂取消了一場晨間例行內閣會議，理由是他太累了！當所有街頭抗爭結束以後，戴高樂已經執政兩年多了，他逐漸明白，法國人民不再支持他。於是，一九六九年四月，這次戴高樂不是直接開內閣會議走人，他希望留下一個制度，讓未來的總統可能可以解決法國的一些困境。他提議擴大總統的修憲權利，然後把這個法案全民交付表決，而且他很明白的講，這是我對法國體制的長期思考。

法國基本上權力分散很具地方政治性。如果到法國旅遊會發現，每一個省和每一個省好像兩個不同的國家。一方面，他們高舉法蘭西榮耀；一方面，各省之間的隔閡其實很巨大。戴高樂很清楚，這樣一個國家，反反覆覆的，不會有一些長遠政策，所以必須賦予總統特殊權力。

他要求擴大總統的權力，這必須修憲。國會通過了他的修憲法案他依承諾交給老百姓複決。在此之前，他做出一個了不起的政治承諾——這等於是老百姓對他的信任投票；如果這項公投複決沒有通過，自己會請辭下台。

一九六九年四月十五日晚間八點，計票結果出爐，戴高樂的提案沒有獲得依公投法規定全國人口半數的投票支持，修憲失敗。這是戴高樂另外一次的人生關口，他告訴自己，他可以為法國做出高貴貢獻的時間已經走到盡頭。當天午夜，非常乾脆，他發表了辭職聲明。第二天一大早，和妻子又回到曾經住了十二年的拉帕斯利。

從此，他再也沒有回到巴黎；當時他已經將近八十歲。

一九七〇年十一月九日，也就是距離他離開巴黎一年又七個月的時間，戴高樂八十一歲，與世長辭。在這一年多，他沒有再踏進巴黎一步，儘管這是他曾經用一切生命換來的法國光榮象徵。他不顧生死，他現身沙場；他接受一切的榮耀，也接受一切的羞辱。卑微的，在拉帕斯利的家中，他一個人玩撲克牌的時候，突然倒下來，寂靜的離開人世。

一九七〇年十一月十號，很多巴黎市民還過著和他們平常一樣很輕鬆的日子，準備去買杯咖啡、買個早餐或可頌的時候，走到報攤，卻哭出來了！因為頭版消息就是「戴高樂過世」。那天清晨的巴黎街頭，許多人擠在報攤前面，報攤一個一個貼出大張海報：戴高樂一個人孤獨的死。

他最後的要求是什麼？他離開巴黎之後住在鄉下，已經在思考自己的喪禮。他告訴妻子，他的一生屬於國家，他的身體屬於家庭，所以喪禮應該是家庭式，而且非常簡單，他放棄本來一定可以擁有的全國性榮耀和喪禮。

他要求葬在住家旁邊的一個小村莊，墓碑上簡單刻了幾個字：

Charles de Gaulle，一八九〇～一九七〇。

雖然戴高樂要求喪禮簡單，但是法國無法忘記這位兩度拯救法國於存亡之際的偉人，巴黎的聖母大教堂仍舉行一場追思彌撒，全世界各國元首親臨致意。彌撒後的一天，香榭大道封閉，上百萬巴黎市民自動集結，沉默的從頭走到尾，重新走一次戴高樂在二十五年前解放巴黎的那一天，從凱旋門帶領大家勝利遊行的路線。

戴高樂的墓地

接任的法國總統龐畢度（Georges Jean Raymond Pompidou），適當表達千萬法國人民的心聲。在遊行的結尾，他說了一句話：

這一天，法國成了寡婦。

羅斯福

他只活了六十三歲，連任四屆美國總統。

他含著金湯匙出生，卻永遠選擇別人眼中注定失敗的工作。

他在大蕭條時，以小兒麻痺症身軀鼓勵美國人，最大的恐懼就是恐懼本身。

他出任美國總統時，上千萬人失業，百日維新之內，他改變美國經濟政策，推動二十五萬項公共工程建設，及《社會救濟安全法》。

他死的時候，遺體未搭乘空軍一號，妻子以鐵路運送他的遺體，再看美國的土地最後一眼。

他太不平凡，他改變二次世界大戰歷史，也永遠改變了美國。

“用盡生命
為被遺忘的人民效勞”

第一講

心存善良，或許是成為典範人物的前提

他出生富裕家庭，從小喜愛閱讀，尤其有許多旅遊知識和經驗；他心存善良，深知貧困人家的痛苦，自小屢次加入慈善機構，爲窮人謀福利，這個善念也影響他投入政治。

我要為大家介紹的是二十世紀影響美國最深，某個程度來說也影響全世界最深、改變世界歷史的美國總統——小羅斯福（Franklin D. Roosevelt）。少年時期，他在田園風光裡過著富裕幸福的人生，沒想到三十九歲那年得了小兒麻痺。他沒有因此陷入憂鬱，仍然無所畏懼，參加競選，並且成為二十世紀最重要的美國總統，以全新的經濟及社會福利政策帶領美國走出經濟大蕭條。他被迫參加二次世界大戰，改變美國的外交孤立政策，美國才成為後來大家熟悉的世界領導者。遺憾的是，只差十八天就可以等到希特勒自殺，他突然腦溢血過世，來不及看到二次大戰結束。

這樣一個轟轟烈烈的人物只活了六十三歲，說起來不算長壽。

小羅斯福在一八八二年出生，比邱吉爾年紀小一點；他出生於紐約州海德公園郡的羅氏大宅。他的父親詹姆士．羅斯福（James Roosevelt）在五十二歲的時候，因為元配過世，娶了第二任妻子才生下他，算是晚年得子。他的母親則是美國一位大亨的女兒；外公很特別，曾經航海至亞洲旅行，並在中國天津開設銀行，外公的亞洲經驗及航海世界觀也改變了少年羅斯福的志向。小羅斯福常說，他的人生如果跟冒險有關，那是因為第一、他家裡有一個小圖書館；第二、他的外公有非常多亞洲銀行以及和中國相關的資料和航海圖。

小羅斯福出生在一個富裕的家庭，等於是含著金湯匙出世，一帆風順。他可以選擇「安逸」——坦白說，他父母親對他的期望就是如此，覺得他只要把家裡的資產管理好就夠了，沒什麼人期待他一定要做大人物。

但小羅斯福完全改變美國及二十世紀的歷史。他是美國歷史上唯一連任四次的總統。依照美國憲政慣例，總統可以連任兩次，但憲法並沒有明文規定，直到二次世界大戰以後才修憲。所以小羅斯福是美國歷史上唯一連任四次、任期長達十二年又兩個多月的總統。他最後一任沒有做完，才剛當選沒有幾個月，就突然因腦溢血而死。

如果看小羅斯福的照片，就知道他從小就是一個很可愛的男孩，上哈佛大學時更是一個大帥哥。不過，我們比較熟悉的羅斯福是已經到了一九三三年他就任美國總統的時候，尤其是一九四四年他快過世前，他的相關影像特別多。最重要的圖片影像都集中於他下令艾森豪將軍於D-Day登陸諾曼第，或是他對日本宣戰的時候。當時的他已經五十幾歲了，外表看來老了，略微禿頭了。

認識小羅斯福的朋友覺得他最大的特徵是「勇氣」、第二個是「善良」。所以是不是富家子弟一定不知道窮人的艱苦？是不是窮人家出生的就一定會替窮人謀福利？我在很多歷史人物身上看到的往往是相反的例子，甚至找不到邏輯。很多出身貧窮的人想盡辦法要往上爬，於是不擇手段，於是更看不起窮困的人，自私無比；很多富裕的人固然很驕傲，但也有一些例外，比方小羅斯福。

左：兩歲小羅斯福扮女裝的照片，攝於 1884 年
右：小羅斯福 18 歲時的照片

一八八二年一月三十日，小羅斯福出生於紐約州的海德公園郡（Hyde Park New York）。現在很多人到紐約，比較普通的遊客去看自由女神，比較有歷史眼光的會去參觀小羅斯福出生的羅氏大宅。他在這裡出生，過著最快樂的童年生活；後來當他罹患小兒麻痺症以及遭遇許多痛苦時，他腦海裡常常浮現的就是這棟羅氏大宅。

如果有機會到紐約參觀這座宅邸，可以查一個關鍵字是Springwood（春木）羅氏大宅。它離紐約市大概是八十哩左右，開車要一個多鐘頭，相當郊外。這個地方很美，位於哈德遜河（Hudson River）——不是一條河——看起來是一個河谷的小鄉村。在他出生之前，他們家族在那裡已經生活了很多代，他的祖先可以考證到十七世紀左右，是從荷蘭移民到美國。

從羅氏大宅院的陽台上可以俯瞰美麗的哈德遜河谷，也可以看到附近美麗的卡茨基爾山脈（Catskill Mts.）、小山丘，到處都是農田、葡萄園、大花園，綠意盎然。在小羅斯福的童年時期記載，成群的牛羊會低頭吃草，馬兒和狗兒在花園裡跑步，靜謐的田園風光，那真是天堂啊。

他的爸爸詹姆士・羅斯福（James Roosevelt）相當有眼光，在這個地

位於紐約海德公園，小羅斯福的老家——羅氏大宅

方買地，而且一口氣買了一千英畝田地。當時美國正在西部拓荒，經濟發展全面開啟，雖然還沒超越英國，可是一直在崛起。

詹姆士．羅斯福五十二歲那年因為前妻過世，又和比他小二十歲的富家女莎拉（Sara）結婚。詹姆士過世時，小羅斯福才十八歲，所以在小羅斯福的人生裡，母親莎拉扮演相當重要的一個角色。他念大學的時候，莎拉乾脆搬到哈佛大學，住在學校附近。母親對他的期望就是自由發揮，必要的時候繼承父業、打理家中財產。

一九三二年，當小羅斯福在競選總統的時候，莎拉曾說：「傳統觀念有些人可能望子成龍，甚至期待他成為美國總統。我雖然是傳統的女人，但我實在難以相信這些事情會發生在我兒子身上。」

詹姆斯．羅斯福與兒子富蘭克林的合照，1895 年

我為什麼特別提這個背景呢？因為很多人覺得，一個人能成為大人物，可能是他父親從小告訴他：「你以後要當總統。」或是他老師、長輩教導他讀偉人傳記。事實剛好相反，小羅斯福的父母親在他十五歲之前帶著他在歐洲到處旅遊，他的學業是斷斷續續的，必須請家教才能接上功課。父母也從來不給他壓力，放牛吃草，尤其用不同的理由讓他到法國去、到倫敦去，他也參觀很多美麗的博物館等等。

小羅斯福童年時期很愛閱讀。有一件奇特的事，我從邱吉爾講到戴高樂，現在講到小羅斯福，我講這麼多人，他們沒有一個小時候功課是好的。小羅斯福的成績只拿到B，有時候還拿C。所以，如果小時候功課非常非常好的人，很可能代表老師叫他做什麼他就做什麼，欠缺自己的思想——當然，除了天才之外，我不能一竿子打翻船上所有的人，但是，這些世紀人物成績都不是最頂尖的。我真的很想藉此鼓勵所有人，很多有自己想法的人，他們在小學時拿不到第一名，但一點也不必感到挫折。小學拿第一名算什麼？很多拿第一名的人覺得自己了不起，到中學的時候功課開始下滑，反而感到很挫折。我想說的是，小學拿第一名，只是把一件簡單的事情做到精練，實在沒有必要給自己童年這麼大的壓力。

羅斯福家裡有一間家庭圖書館，反而是他很重要的教育資源，使他非常愛讀書。**很多父母親談怎麼樣教養一個孩子，其實不只是身教，還包括家庭布置。**如果家裡都是一些珠寶、古董，甚至放的都是一些你覺得值錢、炫富的東西，請問要怎麼樣教出一個擁有思想的小孩？

小羅斯福在十四歲之前就讀了《海權對歷史的影響》（*The Influence of Sea Power Upon History*）之類的名著，他也讀馬克．吐溫、柏格曼這些人的作品；甚至，他讀字典，他不想老是因為有些字他看不懂，在閱讀一篇文章時被打斷，又得去翻韋氏字典，所以乾脆每天早上起來從A開始，一個字、一個字的唸。有一天他媽媽說：「你在看什麼啊？搞什麼名堂啊？」他說：「我在讀字典，我已經讀了一年半。」如果到羅氏大宅，可以去參觀圖書室的韋氏大字典裡頭有十四歲、十五歲的小羅斯福所留下來的眉批。

一直到他差不多十五歲左右，他的父親覺得兒子自學得差不多了，才把他送到麻州（Massachusetts）的格羅頓學校（Groton School）。這是美國人教育小孩的方法：小時候讓你人格、個性自由發展，有一個快樂的童年記憶，然後到了一定年紀，要求你過自律的生活，開始嚴格，離開父母親，離開這個家，不可以過安逸的日子。格羅頓學校非常著名，所有想要上哈佛、麻省理工學院的人，大概都會先去念這家寄宿學校。小羅斯福開始接受所謂正規的學校教育，而且必須離開他的父母親。母親莎拉當時在日記裡寫：「我一方面拂去他收集的鳥類標本灰塵，看著他行李已經打包，還在河裡游泳。我懷著沉重的愁情，我知道必須跟我的寶貝兒子離別了，我很難過。」

小羅斯福必須離家、必須接受正規的教育，而且他必須獨立。他在格羅頓學校裡總共待了四年。在這四年裡，他跟校長建立很好的友誼。學校基本上是非常斯巴達式的教育，住宿的校舍一點都不豪華，相當的簡陋，房間跟房間只隔著窗簾，根本沒有門。小羅斯福的房間大概只有他原來自己家裡房間的十分之一，疏疏落落的放一些家具。他每天早上七點起床、七點半吃早餐、八點十五分朝會、上課、中午休息用餐、上課、運動，晚餐時間要穿著整齊做晚間禮拜，接著晚自習——這就是格羅頓學校的一天作息。

課程裡有非常密集的古典課程，我們看他第一年的紀錄，他修了拉丁文、希臘文、幾何、英國文學作文、古代史、科學、聖經研究……我之前提到，他的成績向來不好，在這裡也一樣，就拿B，不只是因為爸媽常帶他去歐洲旅遊，沒有好好上課。不過，老師對他的評語已覺得他聰明、好學，成績不是頂尖，鋒頭沒有很健，踢得一腳好球——這是同窗對他唯一留下的印象，他的同學做夢也沒有想過他會成為美國總統。因為家族影響力的關係，一九〇〇年他還是進入哈佛大學。有一張小羅斯福油畫像是在他進哈佛大學時畫的，現在掛在羅氏宅邸，非常的帥，像電影明星休葛蘭（Hugh Grant）迷人。

那時的美國處於一個急遽變化的時代。二十世紀初，由於工業革命，全世界有數百種發明陸續問世，包括電梯、地下鐵、電話、汽車等，都在那個時候發明。美國在這方面的發展尤其很快，當時的美國GDP總量已經超越英國。現在很多美國人覺得：「噢！我們的經濟、我們的工作被誰偷走？」其實我可以告訴美國人：「請回頭看看你們當時的經濟怎麼發展起來。」當時的美國從農業轉成高度的工業化社會，變成世界的經濟強國。西部拓荒已經結束，一八六〇年時美國人口只有三千萬，到一九〇〇年是七千五百萬人。換句話說不只兩倍，是兩倍半，

18 歲時的小羅斯福，攝於 1900 年

這兩倍半的人口激增主要來自於各地移民對美國的夢想，但是外來移民激增以後，城市自然擁擠不堪，衛生狀況很糟，財富分配不均衡。

四十年之內，美國人口從本來三千萬變成七千五百萬，可能四十年前來的移民也是落魄戶，過四十年之後他們的經濟狀況好一點了，但是看到新來的移民就覺得人家是落魄戶。**新人總被舊人看不起，每個人都會遺忘自己過去的貧窮。**

我們現在談貧富差距，會說：「吉尼係數如果是多少多少，這個國家社會就會顛覆。」我為美國人、也為所有人回憶一下，當時美國1%的公司占了全美製造業的三分之一，也就是完全由少數幾個寡頭公司壟斷全美所有的製造業。在這個時刻，美國工業大幅成長還有另一個原因，外來移民使勞工工資非常便宜，便宜到什麼程度呢？便宜到在磨坊、工廠裡頭工作的人，平均每日工資是一．五美元；女工跟童工更低，一個禮拜收入只有六塊錢，換句話說，一天大概只有一塊錢。當時是沒有週休二日的，連禮拜天都不休息，所以一天連賺一塊錢都不到。

童工是整個美國二十世紀初經濟發展非常重要的基礎，後來被稱作「國家的恥辱」，可是也因為童工工資很便宜，美國經濟才大幅崛起。

那時美國有一百七十萬名低於十六歲的童工在工廠或農場裡工作，大部分是十四歲、十六歲以下的小男孩，還有很多是十歲或十五歲的女孩，這些人工資就更便宜了。全美國20%的男孩沒有上學，都在當童工。紐約市有三分之二的居民住在很髒亂、擁擠的地方——這就是一九〇〇年代經濟全面起飛的美國。當時的貧富差距有多嚴重？現在我們說中國大陸的貧富差距很嚴重，1%的家庭控制全中國40%的財富，但你絕對猜不到，一九〇〇年美國是1%的人口——不是家庭——控制了全美90%的財富。這就是當時的美國。

小羅斯福一九〇〇年進入哈佛大學，哈佛大學已經是全世界著名的名校，創校二五〇年，是美國權貴子弟最熱衷的大學。他高中的時候體育成績還可以，到大學的時候也不行了。第一年參加合唱團，第二年開始對校園刊物有興趣，第三年就擔任《哈佛日報》的總編輯。更重要的是，他開始參加很多慈善團體的工作。沒有人知道為什麼這樣一個小孩在那個出生背景會注意到這些事情，可能是他在學校裡廣泛的閱讀，每天讀報紙。他發現美國財富太過度集中在少數人手中，他看到同年齡的男孩很多都在做童工，自己的日子卻過得這麼好。他每次在父親的車裡，看到在馬路上發派報紙的童工，看到在馬路邊賣糖、賣吃的那些小孩，想想自己旅遊時所坐的豪華郵輪，就覺得很慚愧；這是他加入慈善工作的理由。所以，**一個人不管他出身如何，不見得需要經歷貧窮，心中有一種善良，才能讓他去關心比他窮困的人。**

他在大學時主修歷史和政治，輔修英文。美國人為什麼要輔修英文？不是因為他英文講得不好，而是他想讓自己的英文更漂亮，演講時更動人。這兩件事情使他後來從政，不論是當紐約州議員，還是成為美國總統的演說，還是宣戰時的演說，都成了經典演講。

他在哈佛大學的成績又如何呢？比他高中的時候還爛，是C，A、B、C的C。父親在他大一時去世了，留給他一筆財產。在美國，父母不會一下子給你幾百萬美元的財產，都是用信託的方式，當時他一個月可以拿到將近五百美元左右，一年是約六千美元。當時很多學校老師年薪不過五百美元，他等於一個月可抵老師的一整年，生活算是相當相當的好，但他並沒有太揮霍。

他本來也可以成為媽寶。因為爸爸死了，媽媽生活沒有重心就搬到哈佛大學附近。同學就開他玩笑，說他是長不大的小男孩，但是他常常說：「我的母親對我的影響是什麼？就是如何對一個愛你的人Say no，你如何拒絕，而又不傷害他。」所以，小羅斯福若與他人之間有一種特殊的交往能力，他認為是從如何應付他強勢的媽媽學來的。

他在哈佛大學的時候多次參加慈善機構的募款，自己也常捐款，替貧窮的機構當志工，比他花在學校上課的時間來得更多，這也影響了後來他的婚姻。大四的時候，他和他的一位堂妹擦出愛情火花，隔一年宣布訂婚，畢業後隔一年就在紐約市結婚；他的妻子就是後來美國最著名的總統夫人伊蓮娜．羅斯福（Eleanor Roosevelt）。他們交往的過程小羅斯福的媽媽反對得不得了，媽媽好不容易搬到哈佛大學附近，而且買了很漂亮的、當地一條叫Commonwealth的大道上的一座豪宅，就是希望他能多結交波士頓名流，希望他開舞會。可是，小羅斯福會應付他媽媽，說我在圖書館學習，其實他是去幫貧窮的孩子補習，還參與一些慈善機構工作。

他愛上堂妹的原因，不是因為堂妹家境也很富裕，他更愛她的善良。他堂妹的伯父是老羅斯福總統（Theodore Roosevelt），很多人以為小羅斯福是老羅斯福的兒子，像小布希是老布希的兒子一樣——不是的，他們只是遠房親戚。小羅斯福的太太（即他的堂妹）跟老羅斯福血緣還比較親近，也就是說，他的岳父是老羅斯福總統的弟弟。但他的岳父是個大酒鬼，所以伊蓮娜從小就被爸爸打，媽媽又很早過世，她是祖母養大的。她曾經是一個很自卑同時又善良的孩子，長得並不好看。後來很多人好奇，羅斯福長得這麼帥，但太太長得並不好看，甚至八卦說難怪他後來一直有一個長期的美麗女友婚外情。但是，他和他妻子間是一種理念與信仰的共同結合，他們的信仰就是從來不覺得自己是名門之後，而是應該為更窮苦的人做事。

媽媽不准他娶堂妹，可是他有一套方法說服媽媽。所以他後來經常說，**一個人長大後不要用父母親當藉口，如果你不能夠克服父母親給你的壓力，在這個世界上什麼壓力你都克服不了。**不管父母親用什麼方法教育你，他們仍是這個世界上最關愛你的人。

他媽媽最後還是接受這段婚姻。羅斯福與伊蓮娜結婚以後，選擇的也是富貴人家會走的一條路——去哥倫比亞大學念法律研究所（Columbia University Law School）。他們度了短暫的蜜月旅行、環歐旅行。他太太的伯父是老羅斯福總統，所以他們去歐洲蜜月旅行時受到各地的熱烈款待，也有機會看到一些不同的歐洲政要，對小羅斯福來講有點大開眼界。我不知道這是否跟他未來從政有關係。

蜜月結束後，母親就幫他們在紐約買了一間房子，並為他們準備每一樣東西，這個強勢的媽媽有她的好處。兩個人結婚後，按照小羅斯福爸爸的遺囑，他每年可以從信託基金支取一萬兩千美元，當時一個工人大概年收入只有三百美元，再加上他的妻子本來也就繼承一大筆錢，所以他們的生活環境非常好。他們總共生了四個小孩，但是這些事情，都沒有讓他們忘記美國社會到處都有貧窮的人。

羅斯福後來法學院還沒念完就考上律師，他決定不念了。接著要做什麼？他做出一個全家人都驚嚇的決定：在一九一〇年，也就是在他三十二歲的時候，他決定走入政壇。可能因為在歐洲見了一些政要，給他很大的使命感，他認為只有政治可以改變美國窮人的命運。

他初入政壇的時候，競選得很辛苦。按理講，如果他的理念是民主黨的，他該精明的選擇民主黨過去贏過的地方，結果他卻選了一個民主黨一百年以來都沒有贏過的選區。他到那個地方競選，大家以為他瘋了，家人也都嚇壞了。競選時他租了一部旅行車，把車子漆得又紅又亮，

羅斯福夫婦與他們的頭兩個孩子

花一整個月的時間跑遍選區每一個角落。在那個年代，這是前所未有、嶄新的競選模式。他的太太也陪著他，每天公開演說十幾次，在哈德遜河東側農村裡，他們甚至一家家的去拜訪，跟村民聊天。

這對受過哈佛大學教育的夫妻檔，都很會演講，他們居然在很短的時間裡，打破一百年來的歷史紀錄，打敗原來在當地一直連任的對手。贏多少呢？一五七〇八票對一四五六八票，競爭非常的激烈，所以只小贏一點點。不僅對手大為意外，連他自己所屬的政黨——民主黨也大為意外。這是前所未有的勝利戰果，從此他成為紐約州州參議員。當時紐約州首府在亞伯尼（Albany），他在亞伯尼一開始就表現出色，羅斯福在民主黨是一個小組長，非常優越、傑出。有一個經驗老道的共和黨員告訴民主黨員說：「記住我的話，在他年級更大、手段更厲害之前，最好先把他搞掉。」你就可以看到小羅斯福一出道時有多傑出，很多人防著他。但是，他根本不在乎這些事情，他非常關心工人事務，到一九一二年尋求連任時，他還獲得紐約州勞工聯盟的支持。這次他很輕鬆的就贏得選舉，沒有任何懸念。

所以你可以看到小羅斯福，他好有錢，他也很善良，他懂得那些窮苦的人。他投入民主黨，選擇一個百年來民主黨幾乎不可能選上的選區，他效法外祖父當年的航海冒險精神，政治之路的第一步就不打順風牌。這些事情，其實一開始人們看他的功課表現看不出來，可是當你看到他的人格與家庭背景，看到他在學校裡選擇歷史、政治、演說和英文這些課程，就會知道這個人已經注定不平凡。

第二講

不當政治精算師，專挑民主黨落後選區

三十歲的羅斯福當選紐約州議員，此後二十多年都活躍於政治圈。即便他三十九歲不幸罹患小兒痲痺症，仍然以堅忍不屈的毅力贏得紐約州長選舉。

羅斯福很年輕就當上紐約州議員，而且已經被一些政治人物看出他非常出色。那時候有一段話是這樣描述他的：「你認識羅斯福嗎？只要羅斯福騎上馬，他就希望走在最前面。」其實，所有優秀的人一開始都是被忌妒的，當時在紐約州參議院就有這種情況。但威爾遜總統（Thomas Woodrow Wilson）很欣賞他，羅斯福在三十一歲的時候（一九一三年）被威爾遜總統提拔為海軍部副部長，而且一當就是七年左右，期間剛好碰到第一次世界大戰，這段經歷幫助他了解，如何在危機時有效率的行政管理。

1913 年時任海軍副部長的羅斯福

1919年從凡爾賽宮和平會議歸來的威爾遜

後來羅斯福躍上總統舞台的時刻，正是美國經歷大蕭條、二次世界大戰的時刻，**可見一個好的政治人物一定要經過一定程度危機處理的政治歷練，他不可能一生都拿順風牌，突然上台就能處理危機；如果沒有經驗，他一定會把事情搞砸。**

一九一四年爆發第一次世界大戰。一九一八年，他曾經到過歐洲戰場，看了當地的軍事設施。美國雖然曾短暫的捲入第一次世界大戰，介入一些歐洲事務，可是很快的，也就退出了。一九一八年年底第一次世界大戰結束，一九一九年法國凡爾賽宮舉行和平會議，一直很欣賞羅斯福的威爾遜總統一直帶著他，並且帶他到凡爾賽宮參與這場和平會議。

那個時候，威爾遜支持美國加入國際聯盟，他認為這是一項可以避免世界戰爭的務實作法，這個通盤式的計畫本來非常好，因為一次大戰死亡人數太多了。羅斯福當時特別寫了這麼一段話：「我曾經詳細閱讀過國際聯盟的草案三次，我聽到美國國內一大堆人都反對，我自己也試圖找出一些反對的理由，但以我個人而言，我真找不出美國不參加的理由，如果是我，我願意試試看。」後來，美國國會否決了這件事情，否決了威爾遜總統在歐洲時已經贊同的事。羅斯福認為，這是美國和全人類的嚴重錯誤；這也是為什麼二次世界大戰尚未結束之前，一些與聯合國相關的方案已由美國帶領一一出爐的歷史背景。那時的羅斯福總統已經深知身為世界強國，美國必須參與世界事務，才能避免世界大戰。

可是在威爾遜總統的年代，美國瀰漫的是「我們不要捲入戰爭」的孤立主義。這件事情對威爾遜總統的政治生涯、還有民主黨造成全面的摧毀。如果不閱讀美國歷史，當代的我們不太能夠理解為什麼很多像川普（Donald Trump）總統的主張有這麼多人支持，用英文來講是"It was rooted in the American history."。其實在美國歷史裡，牢牢的，「孤立主義」一直是長期的傳統。

在那個時刻，美國參議院拒絕簽署《凡爾賽條約》，美國也拒絕參加國際聯盟，民主黨在整個全國代表大會呈現分裂的狀況。威爾遜總統失敗了，他的身體不好，最後決定退出選舉。在某一次的全國代表大會中，民主黨要推選總統與副總統人選，民主黨裡頭簡直是混亂分裂到一種可怕的地步。民主黨最後提名俄亥俄州（Ohio）的州長詹姆斯·考克斯（James Cox）出馬競選，考克斯在那次全國黨代表大會裡聽到了羅斯福的演講。

考克斯與羅斯福搭檔競選時的海報

在那一次羅斯福的演講中，很多人覺得他實在是精力旺盛，內容令人印象深刻，他往往能夠針對特定群眾說出他們應該要得到鼓舞的話。他鼓吹「環境保護、重視教育、不要虐待童工」，甚至談到美國加入國際聯盟絕對沒有錯誤，不應該用這個理由處罰民主黨。不過那個時候，美國這樣一種強烈孤立主義的傳統，其實已經快要跟宗教信仰差不多，所以在國內產生很大的裂痕。羅斯福知道民主黨會為此付出重大代價，一定選輸，但是當考克斯問他要不要做副手時，這是羅斯福浮上全國性政治檯面的第一次機會。

他自己心裡已經清楚，一定會失敗啊。想想看，如果你是個政治精算師，你會幹這種事嗎？羅斯福卻同意了，他認為這是一個機會，讓他把政治理念在紐約州之外宣揚。雖然他們會失敗，雖然這個時候很多人不會接受他的想法，可是他覺得擔任副總統候選人，可以讓他在全美到處跑來跑去，哪怕群眾沒有因此投票給他們，或是現在一時不能夠接受，傳播理念是一件非常重要的事情。所以，他接受了副總統搭檔的提名。

考克斯也很特別，他在決定選羅斯福當副手之前，兩個人根本不認識，只是在演講場合看到羅斯福，也不會覺得這個人好優秀，所以要提防他、先宰了他，考克斯跟一般政客看法不一樣。**排擠優秀人物恐怕是人性的一個常態，但一個國家只需要幾個優秀的政治人物，心胸寬大一點點，優秀的人就可以出來。**

結果那次選舉是羅斯福一生唯一一次，也是最大的失敗，不只是他，而是整個民主黨的慘敗。羅斯福雖然對於民主黨落敗早就心裡有數，可是沒想到輸到這個程度：共和黨幾乎以兩倍的票數獲勝！民主黨的敗績，只有在一百年前曾經輸得這麼慘，那就是在一八二〇年的時候，門羅（James Monroe）擊敗代表民主黨出馬的亞當斯（John Quincy Adams）。但這一百年來，民主黨最大的慘敗，就發生在一九二〇年羅斯福競選副總統的這次。

如果你是羅斯福，可能會覺得我好傻喔，美國這一群笨選民，他們蠢得跟豬一樣，個個自私得要死，我再也不要理他們了。或者說，我當時實在不該接受副總統提名。然而，羅斯福一點都沒有這種感覺。對於這次的選戰經驗，他說：「只要可以探個究竟，我便不會感到沮喪。」在選舉之後三天，他寫信給一個朋友：「我從這一次選戰經驗獲得寶貴的啟示，我相當了解，說服美國人民很需要時間，更需要耐性。」羅斯福的人生好像一路都非常順暢，但他重重的摔了這麼一跤。然而，就只有這麼一跤嗎？

後面還有更大的不幸命運等待他。

一九二一年八月，當他在自家夏季別墅度假時，突然罹患了小兒麻痺症。那個時候因為是共和黨執政，羅斯福身上沒有任何公職，他擔任海軍部副部長的時候也已經把州議員給辭掉了。當時的他三十九歲，卻得了小兒麻痺症，醫生剛開始也不敢想像，以為他得的是流行性感冒，但是病情卻一天比一天嚴重，痛苦不已。家人就從波士頓找來哈佛大學、麻省理工學院各兩位專家一起會診，才發現他得的是小兒麻痺症。**有的時候，命運就是如此，和財富沒有辦法成正比，再多的錢也幫不上忙。**對抗小兒麻痺症的沙克疫苗是在一九五五年問世，當時羅斯福早已過世；一九二一年羅斯福得病，差了疫苗問世三十四年。

得病之後他住進紐約市一家醫院，他的醫生當時對記者們說：「我無法說小羅斯福會在醫院住多久，不過可以確定他不會成為跛子。」醫生都是說好話，其實，羅斯福從此以後成了跛子。剛開始他帶著希望相信醫生的判斷，後來發現這不是事實。醫生回憶，當羅斯福很明白的問他：「我是不是這一生都會成為跛子？」醫生低著頭、含著眼淚告訴他「恐怕是的」，羅斯福對他說：「OK！OK！」就這樣，很快的回應。羅斯福以非常大的勇氣、信心及異於常人的堅持，引導自己面對現實，不要被擊潰，儘管從此他一定要靠拐杖走路。他的母親也在這一刻說：「那就算了吧。」

羅斯福前一年選副總統，慘敗的經驗相對於罹患小兒麻痺症已是小事一樁，羅斯福家裡不缺錢，媽媽覺得乾脆回家休養好了，希望他回到童年時期的海德公園，過舒適的寧靜生活，看看一些投資事業，享受一些良好嗜好就可以了。可是他自己，包括他的太太都不想離開政治。他的好朋友說過這麼一段話：「羅斯福的身體狀況跟他過去一樣好，他的腦袋不靠下肢的肌肉控制，他又不是一個江湖賣藝者，身手多矯捷，干我們大家什麼事？他的工作是靠腦力，我們並不需要他表演翻跟斗的把戲。」總之，他自己以及他的太太都不斷告訴外界：「我的腦部沒有受到影響，我只是腿有問題。」

當他的痛苦稍減後，周圍很多朋友來探望他，他還跟朋友在家裡聊民主黨如何從一九二〇年的重大挫敗中重新出發。朋友到他家，都嚇了一大跳，大家因為發現他總是笑臉迎人，他已經學會操控輪椅。朋友說他很厲害，他並不喜歡一般的輪椅，因為看起來沒有尊嚴而且很醜，所以羅斯福拿家裡的古董椅子在下面安裝輪子，他並且學會利用上半身的力量撐起身體，然後自己坐在椅子上。

在辦公室裡，他也學習把身體站直，靠在桌邊，靠在演講台上，靠一個七磅的鋼製拐杖撐著，看自己可以站多久——他每天都做這樣的一套重量訓練。他還給自己一台特製小汽車，這台小汽車最大的作用，就是不需要踩煞車的腳踏板，他請人改裝成可以用手按剎車就好。

後來他的大兒子接受訪問，談到他父親時說，他很難想像，當時的父親沒有大發雷霆，也沒有發過牢騷。他說：「並不是

羅斯福少數坐輪椅的照片之一

得了小兒麻痺症才塑造父親堅毅的個性。事實上是父親堅毅的本性，克服了小兒麻痺症帶來的痛苦以及打擊。」

在小羅斯福得了小兒麻痺症後三年，他聽說美國南方有一個溫泉中心，可以治療小兒麻痺症，於是去了喬治亞州。泡溫泉時，他覺得太愉快了，有股熱氣流過雙腿，感覺很奇妙，都不想上岸。他在高達華氏八十八度的溫泉裡待了幾個小時，載沉載浮，踢腿享受。當然我們現在都知道，溫泉不可能治療小兒麻痺症，不過他很享受當地的溫泉、陽光，還有當地的情趣。因為他有一條腿不方便，平常不太運動，

溫泉中的羅斯福，攝於 1929 年

露西．默塞爾

身體的血液循環不好，溫泉雖然不能治療小兒麻痺症，卻改善了他的身心狀況。過了五年之後，他就買下這個治療聖地，而且與當地農村建立很密切的關係。他這一生，經常拜訪這個溫泉郡，甚至花了他個人財產的三分之一——差不多二十萬美元，在那個時候可是天文數字——重修溫泉治療中心。

你可能會想，後來溫泉治療中心變成像川普總統的海湖莊園一樣，經營飯店拿來賺錢嗎？還是變成一座私人宅邸？——答案都錯了。羅斯福永遠是羅斯福，他把它開放給全美同樣罹患小兒麻痺症的人使用。這個地方因此緣故，建設了一家小兒麻痺症的治療中心。

每個認識羅斯福的人去探望他，都會記下他的病狀，他發生什麼事情。也在這個過程中被注意到，羅斯福有一個女朋友叫露西．默塞爾(Lucy Mercer)。露西是他擔任海軍副部長時的祕書，他們倆從那個時候開始一段婚外情。羅斯福夫人以為說他競選副總統失利、罹患小兒麻痺症後這段關係就結束了，可是這名女子對羅斯福一生不棄不離，他們的不尋常關係從來沒有間斷過。

有關羅斯福的一生被記錄得非常詳細，唯一的遺憾就是他從來沒有出版過回憶錄，很少人知道他真正的感受是什麼，他怎麼面對小兒麻痺症。但無論如何，他覺得自己要克服身體的障礙，所以他又去參加一九二四年民主黨全國黨代表大會。一九二〇那次，民主黨提名他參選副總統；過了四年，他已經得了小兒麻痺症，還是去了。

當時很多人在現場，都不禁流下眼淚。他不希望被人家看到他坐在輪椅上，被推上台演說。很多人喜歡同情勒索，但小羅斯福不幹這種事情的。他在他大兒子的幫助下，從會場慢慢走到講堂，然後扛著他的鋼製拐杖發表演說。他大兒子後來回憶這段往事時說：「當我們拚命一步一步從會場走向演講台的時候，我感覺到我的父親把他的一隻手靠在我的肩膀，把我抓得緊緊的。那一天天氣很悶熱，會場的氣氛也很熱烈，對他而言很不容易，他的額頭冒出汗珠，緊抓著我的手，他的手心也是溼的。他顯然費了很大的力氣，因為他的呼吸有點急促。他的一隻手臂靠著我，另一隻手撐著拐杖，他的腿用夾板的緊緊固定著，吃力地的一步一步向前移動，有尊嚴的，絕不讓別人看出來，也不讓別人感覺到，他並沒有太大的能力往前走。」

終於，當他撐著拐杖走上演講台之際，台下爆出一陣如雷掌聲。他

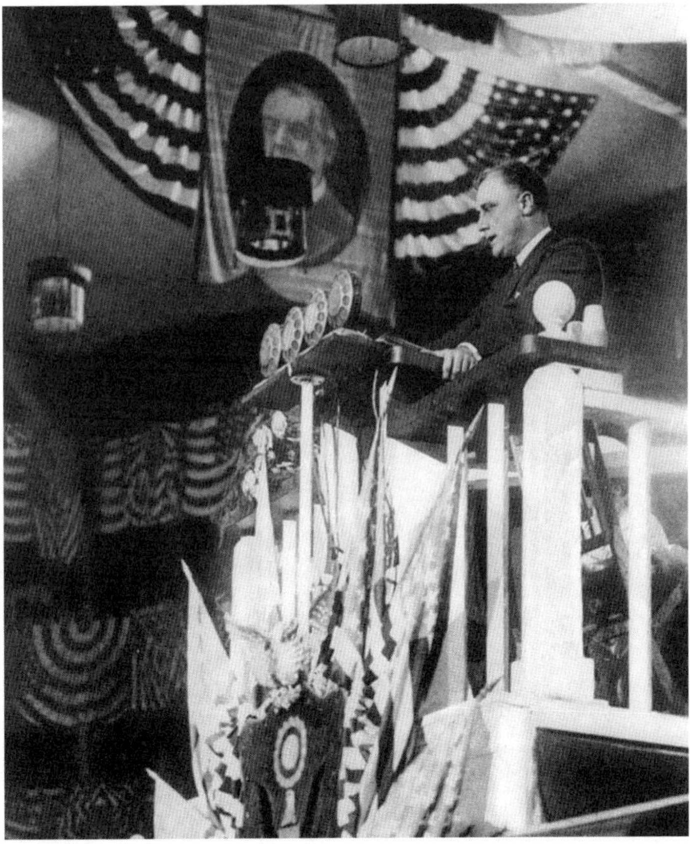

羅斯福參加 1924 年民主黨全國黨代表大會，並發表支持史密斯（Al Smith）的演說

鬆開放在大兒子的手臂，也不管夾板固定腿部時的痛楚，慢慢的靠著自己，挪動腳步往前移。與會的代表都擔心他會跌倒，可是當他踏了差不多十七步的時候，抵達了演講台，把拐杖擺在旁邊，抓住講台，將身體站得又挺又直，然後抬起頭來，面帶微笑，在眾多鎂光燈閃爍之下，開始一場精彩有力的演說。

人們說，這實在是一個戲劇性的英雄主義，又是另外一次罕見的勇氣和口若懸河的表現。在那一場黨代表大會中，他不是無緣無故的出席，他覺得他得了小兒麻痺症又怎樣？反正又不是來翻跟斗、雜耍的。

他的故事，是否鼓勵了當下的你呢？

第三講

經濟大蕭條，一個小兒麻痺症的總統上台了

羅患小兒麻痺症的羅斯福並沒有被擊敗，反而更努力鍛鍊自己。一九二八年競選紐約州長，又連任成功；一九三二年，當選美國總統，帶領美國人走出經濟大蕭條。

一九二四年，羅斯福罹患小兒麻痺症卻仍出席黨代表大會；一九二八年，他正式出馬競選紐約州州長，人們又認為這是一場毫無把握的選戰，他的妻子及很多朋友都強烈反對，他們認為羅斯福應該集中精力在復健上；何況這一年還是共和黨的天下，民主黨穩輸的。當時的美國總統是胡佛（Herbert Clark Hoover），直到一九二八年大蕭條的時候都還是他。但羅斯福說：「我必須參加這一次紐約州州長的選舉。」到今天為止，歷史學家還是搞不清楚他為什麼會同意那一次的提名，但是他投入州長競選後，又花了一個月用火車、汽車走遍全州，行

程長達一千三百公里。

結果，羅斯福跌破所有人的眼鏡，贏得紐約州長寶座。他常常開玩笑，因為他只贏了兩萬五千多票，他說：「我只是0.5％的州長。」當時人們猜測，如果他贏得紐約州長，民主黨可以復活了，羅斯福可以成為下一任的民主黨總統候選人。這是美國政治的一個傳統，你若選上了州長，就更有資格成為總統候選人，尤其是紐約州；因為這裡動輒觀瞻，有點像是「首善之區」。

擔任紐約州州長帶給羅斯福另一個很好的政治訓練，對他後來處理大蕭條的「新政」息息相關。他不再是只靠演講就選得上的人，而是一個實幹苦幹的政治領袖。他投入改善醫院的計畫，因為自己生病，更注重健康相關的設施，以及工人的賠償法、社會改革，也擴大前任的一些重要計畫。州長任期很快的結束，他又再度當選連任。

一九二〇年時，美國已經是全世界最繁榮的國家，生活水平也最高。美國的工廠以百萬計的生產汽車、冰箱、收音機、電話、吸塵器……各式各樣的電器用品。一般工資在一九〇〇年時很低，到一九二〇年的時候已經提高了，所以一九二〇年的選舉共和黨仍然大勝。一九二九年時美國要蓋帝國大廈，象徵世界第一，大國崛起。沒有任何人看得出不久的將來，美國將發生所謂的經濟大蕭條，一個席捲全球、改變人類的經濟大災難。

原來繁榮，總是離悲傷那麼近。在大蕭條之前的氣氛是什麼？我幫大家引用一段紐約證交所主席在一九二六年的話：「每位受雇者不要光傻傻的領工資啊，只要投資股票你就會賺錢。實際上，資本主義制度的利益是普遍共享的，你們不要只拿工資存錢，趕快來買股票吧！」他大力鼓吹買股票，很多人也想一夕致富，口耳相傳，報紙、廣播、雜誌上，眾口鑠「金」。報紙每天都在報導哪個平凡老百姓買什麼股票賺了多少錢，當時美國這些大公司太賺錢了，冰箱也賺、汽車也賺，什麼都賺，好像沒有一樣是不賺錢的。有一項統計數據，從一九二三年到一九二九年，美國主要股票上漲了兩百倍！股票成交量從一九二三年到一九二九年時，從兩億三千六百萬變成十二億，快要乘以六倍，到處都是證券商，甚至連當時美國勞工聯盟的主席都說：「工人們趕快去買股票投資啊！」美國總統胡佛直到一九二九年三月四日，股市崩盤前的七個月，都還告訴美國民眾：「我對於我們國家的前途毫不擔心。」一切充滿希望。

到了一九二九年十月股市大崩盤，才隔了七、八個月就瞬間垮台了。所以你可以知道什麼叫做「泡沫」，當平民老百姓都在買股票的時候，就是股票快崩盤的時候。

當時的股市大崩盤後來引發「經濟大蕭條」。從根本的因素來看，消費產品生產過度，工廠過度擴充，金融業、銀行沒有監管制度——這些我們現在聽起來都如此耳熟能詳，因為二〇〇八年時，我們完全複製了一切。**所以人類的貪婪永遠都在，崩潰的情況也因此會不斷複製。**那時候的工廠和公司破產、工人被裁員的狀況有多嚴重？我給大家一個數字：一九二九年底，有六百萬名的美國人失業，製造業降到一九二八年產值的一半，也就是整個製造業有一半垮掉了。你可以想像有一半的工人沒有工作，有一半的工廠垮了，有一半的公司破產了。華爾街當時大樓的窗子可以直接打開，於是天天有人跳樓。

冰箱的發明比股票慢，當時只有少數的家用冰箱，沒有殯儀館的冰櫃，所以滿街都是屍臭，聽說味道可以「飛躍」哈德遜河，在對岸都可以聞得到——當然，這可能是口耳相傳的誇大，但是天天有人輪到尋死。自九月開始下跌，大家還以為不久之後會反彈，只是合理修正，但

芝加哥的失業者在大蕭條期間開設的救濟餐廳外面排隊

沒有多久就越崩越跌、越崩越跌、越崩越跌……無底洞似的。

胡佛總統是共和黨，共和黨是最相信自由主義經濟的，他們認為市場有一隻看不見的手，可以自動監管。後來的歷史學家說，自由主義經濟已經在一九二九年滅亡了，指的就是這場經濟大蕭條及挽救經濟大蕭條的錯誤手段。

股票漲了兩百倍，按照自由經濟的邏輯，泡沫化後該倒的公司就讓它倒，所以銀行該倒的就讓它倒。後來

1931 年紐約銀行倒閉後，聚集到美國銀行外的人潮

到了二〇〇八年，那些學過一九二九年大蕭條教訓的人所以認為不可以讓銀行倒，結果有人批評：「怎麼可以拿納稅人去補助銀行？」是的，沒有讓銀行倒，這些製造貪婪的人沒有受到懲罰令人很不甘願，可是你讓它倒，市場也會崩潰，老百姓活不下去。這是一九二九年大蕭條後經濟學家從慘痛歷史學到的教訓。

從那一刻開始，經濟學家除了明白市場的那隻手不可靠之外，也連帶學會經濟不只是數字，它其實是心理學，政府必須讓大眾心理穩定下來，讓投資市場免於恐慌，利率政策可以預期。然而，胡佛總統做了很蠢的事情，就是升息及關稅。他覺得升利息可以保住銀行，但一升息，景氣更收縮了，更沒有人願意投資了，工廠倒得更快。接著換政府又減少開支，必須要維持小政府，因為政府沒有稅收了。結果失業的人更多，跳樓的人更多。

胡佛非常多錯誤的作法中，其中一個就是「貿易壁壘」，也就是提高關稅。一提高關稅，老百姓生活裡一些便宜的東西是從日本進口的，比如絲襪；還有很多物資是從歐洲進來的，例如奶油、乳酪，所以老百姓的生活必需品瞬間全部飆漲。當時有一個說法：一個美國女人，她的兩條腿裡頭，有一條腿的絲襪就是日本製造的——因此日本開始訂單減少了。一九三二年，底特律的汽車廠產能只運作20%，匹茲堡——這個最著名的鋼產城市——工廠生產利用率只有10%。美國幾乎一半的人口儲蓄沒了，美國出現最大的階級：窮人。滿街都是無家可歸、需要糧食補助的人。

就在這個時刻，一九三二年美國總統大選登場了，美國從來沒有遇過這麼普遍性的悲觀與痛苦。我剛剛和大家提到，一九二九年失業人口是六百萬，在胡佛及其盲目相信自由經濟學的專家錯誤政策之下，一九三二年已經惡化至一千兩百萬人失業，到一九三三年變成一千三百五十萬人。死亡率激增，不只是因為跳樓，而是很多人餓死；街上數百萬人四處遊蕩，根本不知道該怎麼辦。

一九三二年六月的時候，民主黨在芝加哥舉行黨代表大會，他們知道他們將會贏得下一場選舉。那一年羅斯福五十歲，他正式被提名為美國總統候選人後，仍然拄著他的拐杖四處演講。這時他的拐杖對很多美國老百姓而言，意義不一樣；不只羅斯福個人的悲傷，也是美國的具象，這個才說以為自己是最靠近天堂、蓋起帝國大廈的國家，如今搖搖欲墜。羅斯福在這場大會上演說：「我向你們保證，我也向自己保證，我將為美國人民做一件大事。」他最了不起的是，**他從來沒有以小兒麻痺症索取同情，他走上台，他的堅毅，他的尊嚴，代表了意志，可以克服苦難；有些東西是不需要語言的。**你看當時的照片跟一些影片，想像報紙裡的一些敘述，會發現美國就像羅斯福，是一個罹患小兒麻痺症、甚至失去雙腿的巨人。但他如此堅毅，笑臉迎人；他沒有倒下，他為美國人帶來無比信心。

當羅斯福競選總統時，他談論經濟改革。他說：「我雖然支持資本主義，但是過去的資本主義一定要被改變。」他認為資本主義必須被適度管理，而不是無止境的讓貪婪侵蝕這個社會所有人的努力。羅斯福當時不只說要管理資本主義，他還接受了另外一套方案，那就是著名的凱因斯學說。政府甚至把已經蓋好的馬路再挖起來，其次是藉此機會興建許多農村的水利工程，也就是說，在這個時候，政府得花大錢做基礎建設。這在美國歷史上，等於是走向大政府，是一個革命性的概念。

美國一直是信奉自由主義經濟學的國家，政府不要管太多事，最好什麼事都不要干預，政府越小越好。胡佛總統也不過就是相信自由主義經濟學，但就是因為太相信，他澈底把美國和全世界搞垮了。有人說，如果沒有這場大蕭條，日本和德國的失業率不會那麼高（當然，德國還有第一次世界大戰賠償費用過高的問題，可是日本和賠款可是沒有什麼關聯的）。大蕭條付出的代價，你可以想像結果助長了日本的軍國主義，就在一九三一年，日本占領東北三省——其實二次大戰都跟這些事情息息相關。

一九三二年羅斯福競選總統，他得到全國的支持，以壓倒性的票數贏得選舉。羅斯福總共贏得四七二張選舉人票，胡佛只贏了五十九張，共和黨只贏了六個州。民主黨在參眾兩院都占有大多數席次。羅斯福在選舉結果出爐那天表示：「這是我一生中最難忘的一夜。」那天深夜，他的大兒子協助他上床休息，他側身對兒子說：「孩子，你知道我這一生只怕一件事，那就是發生火災；不過，從今晚起，我還要擔心別的事。」他的兒子問：「爸爸，你擔心什麼？」他說：「我很擔心，我沒有足夠的力量挽救這場經濟大蕭條。」

1932 年 11 月 8 日在紐約的心臟地帶，巨大人潮幾乎沒停過。隨著夜幕降臨，越來越多人歡慶紐約州州長羅斯福贏得總統大選，並在附近的酒店慶祝

第四講

新政，美國歷史上沒有總統超越他

一九三三年三月四日，羅斯福在美國經濟大蕭條時就任美國總統。當時美國有一千三百五十萬人失業，五千多家銀行關閉。他以政府之力提高人民工作機會，開啓一連串的新措施。

羅斯福在一九三二年贏得美國總統大選。當他知道自己勝選的時候，沒有慶功宴，他告訴他的大兒子：「我擔心我沒有足夠的能力做好工作。」接著要他的兒子：「幫我多多祈禱，因為這麼多人把寄託放在我身上。」

我們現在到紐約，可以看到很漂亮的中央公園。當時中央公園在大雪中很多樹被砍伐，也沒人管，因為太多人失業了，他們組了一個叫「胡佛村」，痛罵前總統胡佛。他們所用的材料，就是從垃圾堆中撿來的木板條等，紐約到處都是臨時搭蓋的房子。我在第三講告訴大家一個數字：一九二九年大蕭條發生的時候，十月股市崩盤，全美有六百萬人失業；到一九三二年的時候，變成一千二百多萬人；一九三三年的時候，也是羅斯福即將就任的時候，已經變成一千三百五十萬人，增加的速度多麼快。

1933 年 3 月 4 日，羅斯福的總統就職典禮。（©Architect of the Capitol）

美國的憲政制度從開票到總統就職還有一段時間，大概兩個多月。在羅斯福還沒有就職之前，銀行因為客戶擠兌倒閉，光兩個月已有五千多家銀行關閉。一九三三年三月四日，總統就職日那一天，全美只有兩個州有銀行。你可以想像，那時候美國還下著大雪，股票和穀物市場通通關閉，商業活動完全停滯。所有大城市充斥鬧飢荒的老百姓，活著的遊行抗議，沒有力氣的躺在地上。這個時候，迎來歷史上最著名的一場演說《最大的恐懼就是恐懼本身》（*The only thing we have to fear is fear itself*）——小羅斯福發表了他的美國總統就職演說。

今天是國家神聖的日子。我敢肯定，在我就任總統後，我的美國同胞們期望我以我國當前情勢所要求的坦率和果斷來發表演說。因此，首先，讓我堅持我的堅定信念：我們唯一要恐懼的就是恐懼本身——那些無名的、沒有道理的、毫無根據的恐懼會使我們由後退轉而前進所需的努力陷於癱瘓。我和你們都要以這樣一種精神來面對共同的困難。感謝上帝，這些困難都只是物質方面的：工業創造盡成枯枝殘葉；農民產品找不到市場；千萬個家庭的多年積蓄毀於一旦。

只有愚昧的樂觀主義者才能否認當前的黑暗現實。但我們並沒有遭遇蝗災。與我們的先輩所克服的種種危險相比，我們還有許多值得我們慶幸的事情。大自然的恩賜仍然存在，人類的努力使它成倍的增加。

羅斯福與他的第一任內閣合影，攝於 1933 年

在這場演說裡，他提出要解決失業問題，他要幫助農民，他要施行復甦經濟的立即措施。這個「立即措施」馬上帶來老百姓對他的信心。他說的是過去歷任總統從來沒有說過的話；羅斯福在他第一次四年的任期中，國會所通過的法案數超過其他總統任期內所通過的立法。在一九三三年三月五日，也就是就職的第二天，白宮團隊合拍了一張照片。現在美國白宮可以看到這張歷史照片，上面沒有一個人帶有笑容，因為他們知道他們擔負的是一個什麼樣的工作。

羅斯福還發明一種很特別的方法，不只是公開發表就職演說，簽署一連串行政命令，他還使用收音機發表「爐邊談話」。那時候很多人家裡有收音機，他就透過收音機告訴很多美國老百姓，第一句是：「我的朋友們。」——像跟一般人聊天一樣。第一次爐邊談話宣布銀行休息四天，因為羅斯福不能讓這場金融危機、銀行擠兌繼續下去。

在這個時刻，他知道最重要的就是要餵飽數百萬飢餓的民眾。演講裡他特別承諾，要成立「聯邦急救總署」（Federal Emergency Management Agency，簡稱 FEMA），發放緊急的聯邦補助款給各州，協助需要現金的老百姓。然後，他還成立「民間工程署」（Civil

Works Administration），由政府創造更多的工作機會。他也在演說裡表示，要設立「公共工程署」（Public Works Administration），開始蓋橋梁、水壩、醫院等其他的公共建設。

根據紀錄，從一九三三年到一九三四年，政府總共雇了六百萬人從事包括維修道路、蓋運動場、公園、下水道、修飛機場等工作，羅斯福的目的就是要讓這些失業者可以有工作做，美國開始從「小政府」變成「大政府」。這就是當時羅斯福「新政」（New Deal）主要的內容。

其實我們看到二〇〇

羅斯福上任八天後，進行首次的「爐邊談話」

新政中公共工程的項目之一——邦納維爾大壩（Bonneville Dam）

八年金融海嘯之後各國祭出的刺激經濟方案，投資基礎建設，差不多都是遵循羅斯福「新政」的路線。是那一場經濟悲劇與之後的實驗，挽救了二〇〇八年金融海嘯，挽救了當代的我們。

現在我們到紐約市，有一座很有名的三區大橋（Triborough Bridge，現稱甘迺迪大橋），很漂亮，可以看到哈德遜河。三區大橋就是當時公共工程署建設計畫的一項。另外，芝加哥的新下水道、堪薩斯的音樂廳、丹佛的自來水系統……都是那個時候都一個一個完成的。整套政策讓很多人都可以工作。不能做工程的人就做衣服，或是幫盲人做點字書。總共，公共工程的部分創造的工作量高達將近三百多萬。

接著，羅斯福又創造二十五個計畫，建造兩千五百間醫院，再加上後來的機場建設、運動場……共八百萬人的就業機會。在當時，示威人潮突然就少掉一大部分。他的計畫全部有多少個？我初聽時差點昏倒了，難怪行政團隊沒有人臉上有笑容——二十五萬個！美國現在很多機場都是羅斯福時代蓋的，所以看起來很老舊。

有一些人就愛說風涼話，他們說：「蓋這些東西是沒有用的、浪費錢的。」或是：「你不能只做工程啊，不能做工的人怎麼辦呢？」

之後羅斯福在工程之外，加入了藝術和娛樂，資助藝術家、音樂家、演員、歌唱家、作家等計畫。羅斯福的理由是，他們也要吃飯啊，而且還可以帶給老百姓快樂。快樂在克服恐懼的時候很重要！他因此解除了禁酒令，所以那個時候 Pub（酒吧兼駐唱）出現了，搖擺音樂（Swing music）、爵士音樂（Jazz music），都在那個時候或成為新音樂形式、或大眾流行，黑人歌手也出來駐唱。其實羅斯福本身並不是太優秀的藝術家，在那段時期，因為他的計畫跑出一大堆壁畫和藝術作品，羅斯福說：「哎呀！這作品很不錯。但其實有些不怎麼樣，只不過至少，創造出的工作讓藝術家們有飯吃。」他們的文化部門還訪問兩千多名農奴，記錄各地的民俗歌謠，包括美國印地安歌謠還有黑人民歌。反正，就是想盡辦法讓大家都有工作。新政的目的不是推廣文化，但意外的卻推廣了也創造了美式文化。

二十五萬個計畫裡，還有很多戲劇表演。四年總共演了兩千七百場戲劇，有古典戲劇、兒童劇、舞蹈劇、美國新劇等。差不多有將近三千萬名美國人看過一～二次聯邦劇院計畫下的劇團演出。可是，還是有人失業，怎麼辦呢？他們雇了二七〇萬名十八到二十歲的年輕男子，植樹、保護水土、防止森林大火、建壩、防止蚊子諸如此類的工作。還有，改善濱海環境，很多國家公園、漂亮的州立公園等都是那個時候建造完成的。年輕人就像住在軍隊作戰部裡一樣，住在營區蓋公園或是蓋大水壩，每個月薪水是三十美元，其中有二十三美元可直接寄家裡補貼家用，被稱為平民環保團（Civilian Conservation Corps，CCC）或者是平民救助團、青年救助團。他們真的幫助了很多人，你可以想像，他們每天不知道要絞盡腦汁想多少種工作，主要是為了解決失業。

國家也有一個國家青

平民環保團工人修建道路。超過三百萬失業年輕人被帶出城市，安置在 CCC 管理的工作營中

年署，贊助五十萬名的大學生半工半讀，可以在圖書館裡工作、擔任研究助理；有一百五十萬名的中學生也可以這麼做，繼續求學。所以你可以想像新政包羅萬象到什麼樣的程度，總失業人口裡有接近一半的人都受到了羅斯福新政的支持。

他也走向農村。因為他發現城市的民眾處於飢餓邊緣，他們沒有錢，所以農村的產物自然也賣不掉，也很窮。於是就在農村開始蓋水壩，提供各種水利計畫。比如，他在一九三三年要求國會成立「河谷管理局」，這個管理局在田納西州蓋了十五個大水壩，控制河水流量，而且利用這個發電，變成很廉價的水力發電。附近好幾個州，都可以得到很便宜的電力供應。要注意，在此之前，美國的電力公司屬於私人的，沒有國營事業。在美國的字典沒有國營事業這個詞，所以在某些人眼中，羅斯福根本就是一個激進左派分子。

他同時也開始監管美國的金融機構。一九三三年他通過一個非常重要的機構，這個機構到今天還在——美國聯邦儲蓄保險公司（FDIC）。FDIC 是當你在銀行的存款為十萬美元以下，如果這間銀行倒閉，政府會代為全數付給你，以保障個人存款的安全性。他也改善了證券交易委員會，所有證券都要向該交易所註冊登記，而且要交出完整、正確的資料，不能再搞這種一九二九年的大騙局。當時他任命的第一任證交所總裁，就是後來美國總統甘迺迪的爸爸約瑟夫・甘迺迪（Joseph P. Kennedy Sr.）。

我剛講這一大堆，你猜猜他花多少時間提出來？

一百天，任職一百天之內。

在政治學裡有一個名詞叫作「百日維新」，意思是你要趁著剛當選在「蜜月期」、老百姓對你充滿信心、對你有某個程度期待的時刻，所有的政策要一股腦的在那一百天中儘可能推出來。尤其如果你的政策若和傳統觀念、既有利益團體格格不入時，要在他們根本來不及遊說、來不及阻擋之前，一個一個通過。

到了一九三五年，羅斯福聲望更穩固時，他還在美國做了一件永久性、革命性的大事，這件事情也澈底改變了資本主義——建立《社會安全法》（*Social Security Act of 1935*），發放失業救濟金。我為什麼特別提它？因為在資本主義中，自由主義經濟、達爾文主義背後的思想是，適者生存，優勝劣敗，所以該失業的就讓他失業，該倒的公司就讓它倒。

羅斯福總統簽署《社會安全法》，社會保障成為美國社會福利制度的一部分

但新政改變也推翻這個觀念，這是對整個自由主義經濟、達爾文主義激底的扭轉，也等於是對資本、市場進行一場非常重大的革命；羅斯福在資本主義裡注入了社會主義的人道精神。

許多時候，很多人的失業並不是他們的責任，而是整個社會經濟環境改變，或是金融機構的貪婪，或是某些不負責任的人鼓吹改變法令，或是產業大轉型。在《社會安全法》推出後，出現一個政策叫「失業保險」以及「失業救濟金」。以前失業只是你家的事情，優勝劣敗，這就是達爾文主義；可是很多弱者並不是弱者，他們很努力，他們只是在權力上是弱者，並不是能力上的弱者。羅斯福出生在羅氏大宅，卻從富有的房子裡走出來，他理解窮人的痛苦，大膽的提出這些在美國過去傳統裡、甚至直到今天許多共和黨員都未必可以接受的概念。

二〇〇八年發生金融海嘯，當時的美國聯準會主席柏南克（Ben Shalom Bernanke）提出一連串政策，結果在二〇一二年大選時不斷被攻擊，這在美國歷史上是很少見的，因為美國聯準會是一個獨立機構，主席不應被捲入政治風波。二〇〇九年美國政府也曾提出刺激經濟方案，如重新修補道路等，但這些在歐巴馬政府時代都曾被批評。所以我們可以知道，美國人對於市場經濟、自由主義經濟根深蒂固的信仰。如果不去閱讀羅斯福時代之前美國人所受到的苦，不會理解到這是一個必要的、重大的措施。

實際上，這個轉折不是羅斯福的轉折，不是美國的轉折，是資本主義的轉折。研究資本主義的人可能會告訴你，如果沒有這次大蕭條之後小羅斯福的修正作法，資本主義可能在那時候就崩潰了。

羅斯福的作法等於是綜合資本主義和社會主義的某些想法，如果我們用一種比較社會學的角度來看，他修補資本主義重大的缺陷，使得資本主義市場經濟可以持續下去。他保留市場經濟的競爭模式，但金融必須監管：一九三三年開始的金融監管法律，直到一九九九年被後來的聯準會主席格林斯潘（Alan Greenspan）廢除了，因為他相信市場看不見的手，格林斯潘想扶植美國成為全球金融霸主，結果他間接導致二〇〇八年的金融海嘯。

所以我們現在再來閱讀羅斯福傳，不是在說過去，也不只是回憶，而是重修一門課，**這門課是對很多人而言，是遲來的一堂課。**

第五講

美國政治經濟史最大的革命

羅斯福以絕大多數贏得第二任總統時，共和黨提出美國憲法中明文規定的「平衡預算」訴求，使共和黨成爲國會多數。最高法院也判決「新政」違憲，羅斯福總統只好走向「平衡預算」，美國失業率再次升高，結果第二次市場崩盤，然後二次大戰正式登上舞台。

羅斯福自一九三三年就任美國總統，提出一連串百日維新政策，使用的都是憲法裡賦予總統的緊急行政命令權。川普總統上台後也曾使用相同的行政命令權。

到了一九三六年，羅斯福在美國的聲望已經到達最高峰了。什麼叫最高峰？零負評嗎？不是的。

他的主張等於是抓住社會主義裡某些重要精神，然後補足資本主義貪婪及製造災難後所形成的不平等；雖是資本主義，可是用了部分社會主義的精神。這個結果是什麼？結果是他兩邊都沒有討好。美國企業界、政治菁英普遍認為他太左。

然而，像哈佛大學——羅斯福的母校，現在在美國被認為是平等及自由精神的象徵——在當時三百週年的建校紀念會時，羅斯福走進去，本來以為會迎來美國最高學府學生給予他的掌聲，但他面對的是噓聲，學生以噓聲表達抗議。因為有很多激進的社會主義信仰者認為，羅斯福應該以更符合民情需求的方案來取代資本主義的經濟結構，當時左派其實在美國校園裡已經開始萌芽。

羅斯福怎麼自處呢？他憤怒？委屈？或是討好年輕學子？都不是，他一跛、一跛的走上台、發表演說，一如往昔，充滿自信。他告訴學生們：

> 這個國家現在正步上經濟復甦的路途，我們當然會繼續尋求改善美國工人的工作環境；我們當然也會繼續為降低電價而努力；我們仍會繼續為年輕男女、殘疾同胞、失業保險、老年福利及女性保護等問題而努

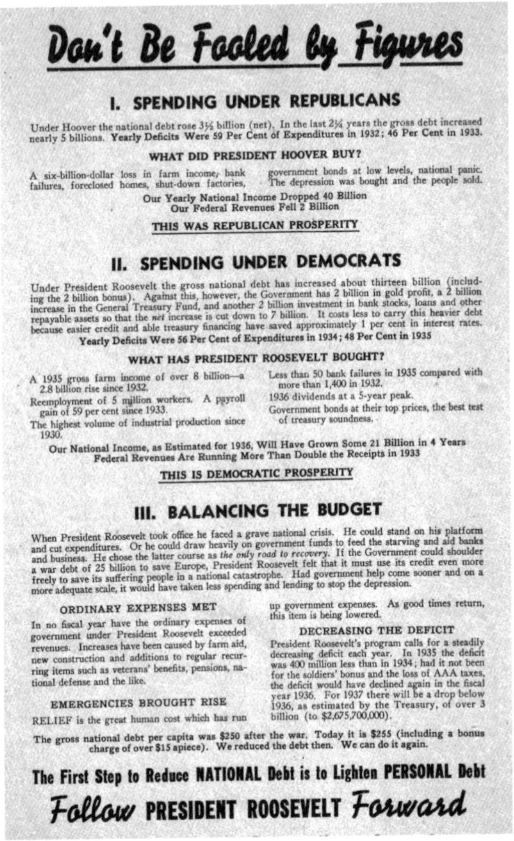

Don't Be Fooled by Figures

I. SPENDING UNDER REPUBLICANS

Under Hoover the national debt rose 3½ billion (net). In the last 2¼ years the gross debt increased nearly 5 billions. **Yearly Deficits Were 59 Per Cent of Expenditures in 1932; 46 Per Cent in 1933.**

WHAT DID PRESIDENT HOOVER BUY?

A six-billion-dollar loss in farm income, bank failures, foreclosed homes, shut-down factories, government bonds at low levels, national panic. The depression was bought and the people sold.

Our Yearly National Income Dropped 40 Billion
Our Federal Revenues Fell 2 Billion

THIS WAS REPUBLICAN PROSPERITY

II. SPENDING UNDER DEMOCRATS

Under President Roosevelt the gross national debt has increased about thirteen billion (including the 2 billion bonus). Against this, however, the Government has 2 billion in gold profit, a 2 billion increase in the General Treasury Fund, and another 2 billion investment in bank stocks, loans and other repayable assets so that the *net* increase is cut down to 7 billion. It costs less to carry this heavier debt because easier credit and able treasury financing have saved approximately 1 per cent in interest rates.

Yearly Deficits Were 56 Per Cent of Expenditures in 1934; 48 Per Cent in 1935

WHAT HAS PRESIDENT ROOSEVELT BOUGHT?

A 1935 gross farm income of over 8 billion—a 2.8 billion rise since 1932.

Reemployment of 5 million workers. A payroll gain of 59 per cent since 1933.

The highest volume of industrial production since 1930.

Less than 50 bank failures in 1935 compared with more than 1,400 in 1932.

1936 dividends at a 5-year peak.

Government bonds at their top prices, the best test of treasury soundness.

Our National Income, as Estimated for 1936, Will Have Grown Some 21 Billion in 4 Years
Federal Revenues Are Running More Than Double the Receipts in 1933

THIS IS DEMOCRATIC PROSPERITY

III. BALANCING THE BUDGET

When President Roosevelt took office he faced a grave national crisis. He could stand on his platform and cut expenditures. Or he could draw heavily on government funds to feed the starving and aid banks and business. He chose the latter course as *the only road to recovery.* If the Government could shoulder a war debt of 25 billion to save Europe, President Roosevelt felt that it must use its credit even more freely to save its suffering people in a national catastrophe. Had government help come sooner and on a more adequate scale, it would have taken less spending and lending to stop the depression.

ORDINARY EXPENSES MET

In no fiscal year have the ordinary expenses of government under President Roosevelt exceeded revenues. Increases have been caused by farm aid, new construction and additions to regular recurring items such as veterans' benefits, pensions, national defense and the like.

EMERGENCIES BROUGHT RISE

RELIEF is the great human cost which has run up government expenses. As good times return, this item is being lowered.

DECREASING THE DEFICIT

President Roosevelt's program calls for a steadily decreasing deficit each year. In 1935 the deficit was 400 million less than in 1934; had it not been for the soldiers' bonus and the loss of AAA taxes, the deficit would have declined again in the fiscal year 1936. For 1937 there will be a drop below 1936, as estimated by the Treasury, of over 3 billion (to $2,675,700,000).

The gross national debt per capita was $250 after the war. Today it is $255 (including a bonus charge of over $15 apiece). We reduced the debt then. We can do it again.

The First Step to Reduce NATIONAL Debt is to Lighten PERSONAL Debt

Follow PRESIDENT ROOSEVELT Forward

1936年競選時，羅斯福宣傳自己在經濟上的政績力，但是我們才剛開始，有太多類似的問題要被解決，制度的改變不是一朝一夕可以完成的。

年輕學子沒有耐性，他沒有說服這些學生。但美國下層社會的人們心中，羅斯福是他們的英雄。那個時候羅斯福所到之處受歡迎的景象是：一位資深記者記錄小羅斯福來到紐澤西州澤西市（Jersey City）這個地方，車隊通過荷蘭隧道（Holland Tunnel）——連結紐約市跟紐澤西的一條隧道——洞口之後，如雷的掌聲響起，整個城市完全沸騰。在萬里無雲的晴空下，舉目所見是一片搖動旗幟的人海。

當時在美國最重要的辯論，並不是我說的在哈佛大學，而是剛好與哈佛大學學生批評的方向相反，也就是羅斯福把整個國家帶離資本主義太遠了。所以當哈佛的學生罵他：「你還是在保護資本主義啊，你還是在保護貪婪的富人！」的時候，共和黨與民主黨卻也對他都有意見，認為他太「左」了。

很快的，一九三七年進入羅斯福第三屆總統的競選活動。選舉有時候是媚俗的，因為民主政治的前提是由老百姓決定國家未來。當一個制度危機可能連專家都非常困惑時，人民怎麼可能有他們的理性分析、合理及最好的政治選擇？面對一九三六年年底大選時，共和黨提出競選主張，最重要的四個字叫作「平衡預算」，在美國這可是天經地義。他們認為，羅斯福拿太多國家的錢創造「新政」，種下太高的負債。共和黨當時批評，美國正處於危急之秋，美國人的福利太高了，高到那些人根本不想工作，美國年輕人沒有任何前途、看不到未來，政府又有這麼高的赤字。共和黨不是希望贏得總統寶座，他們知道不可能打敗羅斯福，但他們希望贏得參眾兩院。

二○二○年，股神巴菲特最重要的夥伴查理．蒙格（Charlie Munger）曾經談，美國有兩兆美元的國家債務，這是不得了的事情！其實，這種事情在大蕭條的時候早有過類似評論，但這個情況就好像一個失血過多的病人要不要給他輸血？輸血可能造成排斥，但不輸血可能當場就死了。所以你不能只談排斥的問題，你會先輸血。研究過一九二九年經濟大蕭條的人就知道，當時的各種辯論都成為我們後來解決金融危機的參考。

一九三七年的大選，共和黨就靠著「平衡預算」這四字贏得參眾兩院的多數，這件事情其實對羅斯福、甚至對之後人類歷史、二次世界大戰都造成非常大的影響。當時共和黨競選的口號很簡單，「平衡預算」，拿出美國人最熟悉的一首民謠當主題曲，因為這首民謠告訴大家，美國曾經是一個多麼令人尊崇的國家：第一、個人自由；第二、反對大政府；第三、憲法多重要；第四個、沒有那麼多赤字。這首歌叫做《噢！蘇珊娜》（*Oh! Susanna*）。這首歌聽起來很簡樸，事實上共和黨就希望用這種簡樸、軟性的訴求來對抗羅斯福。

共和黨在國會競選成功了，在總統大選裡頭輸掉了，因為一般的老百姓還是認為羅斯福挽救了他們的家庭，老百姓手持標語說：「他給我工作，羅斯福是我的英雄，羅斯福是我們的朋友。」當羅斯福停留在美國汽車大城——底特律（Detroit）的時候，他站在市政廳前的階梯，拄著拐杖，沒有坐輪椅，對成千上萬的群眾演講。小鎮裡成千上萬的民眾聚集在路邊，對著羅斯福高喊：「我們需要羅斯福！」我們也可以看出，那時候美國已開始出現整個國家方向、路線的辯論。

羅斯福到密西根州（Michigan）訪問的時候，他被稱為群眾之王。車隊來到密西根大街上，路邊擠滿了人，蘇格蘭風笛、手風琴、爵士樂、

羅斯福在汽車上發表簡短談話。攝於 1936 年底特律

短笛、鼓、喇叭各種不同的樂器齊聲吹奏，還有人在樓頂又唱又跳，更有人從窗口飄下紙片，如雪花一般。他們說，那種景象遮蔽半個天空，那不是絕望，那是感念，狂歡般的感念。

一九三七年開票的時候，羅斯福除了在兩個州——一個是緬因州（Maine），產龍蝦的緬因州；還有佛蒙特州（Vermont）——輸給了共和黨，全美其他州他都贏了，贏得二七七〇萬的選票，投票率六成。全美政治評論家都說，這是史無前例的大勝利，旋風式的勝利、壓倒性的勝利，如潮水般席捲選票。甚至還有人評論：「以現在羅斯福的聲望，如果他袒護一個放高利貸的人，群眾也會體諒他，還替他辯解。」可以想像他當時聲望有多高。

一九三七年羅斯福再就職的時候，沒有一九三三年初任時那麼多的憂慮。可是某程度來說，當時危險正伺機而出。

先講一下為什麼當時他沒有那麼多的憂慮。那時候以玉米價格來看，它從原來一九三三年每蒲式耳（蒲式耳是計算玉米價格的單位）二十四美分，上漲成一．二六美元；工廠工人的週薪增加65%，這增幅實在是太有感了！

羅斯福的第二任就職典禮

一九三七年一月二十日羅斯福就職演說，他堅持他的社會改革計畫並不夠完整，因為全美國還有三分之一的人民處於住宅不好、營養不良、衣著欠缺的不幸困境。對他而言，整個國家不符合正義，到處仍然是具挑戰的問題。可是，他在國會裡失去了多數議員支持，即使民主黨在國會裡仍有相當大的一個比例，卻有一半民主黨的人不太支持他，因為他們認為「平衡預算」是對的。

此刻，唯一提出警告的只有隔海在英國的凱因斯。

在一九三七年，美國之所以覺得可以平衡預算的原因，除了工資已經提高了65%，物價也恢復之外，最重要的是華爾街股價已經回到一九二九年之前，很多人認為這是「經濟指標的櫥窗」，以為經濟恢復了。但凱因斯說：「這是假象，只是投資人信心恢復了，不是經濟恢復。經濟恢復與信心恢復是不一樣的。」

沒有多久，羅斯福面臨的更大問題是，美國最高法院對於他在上屆總統任內很多措施都認為有違憲之虞，他試圖說服最高法院的看法，但最後被最高法院以五比四的票數封殺。大法官懂經濟嗎?當然不懂!他們只是依憲法解釋，但投下五票的大法官，不知道他們正為美國和世界做了什麼。當時主流民意在批評：股市、股價都恢復了，經濟已經恢復了，新政是否推行得太快呢？現在給很多工人罷工權的話，會不會造成日後的勞工暴動，導致美國變成共產主義國家，或是社會救濟是不是變成永遠的政策？

當時的美國也有極右派人士，那個時候領導美國極右派的是天主教神父柯林（Charles Coughlin），他一直活到一九七九年；另外一個則是美國基督新教的牧師史密斯（Gerald Smith），透過廣播，這些經濟外行的宗教領袖大力批評羅斯福的政策，他們在各地擁有廣大的聽眾，尤其在南方。羅斯福在國會沒有得到多數支持，最高法院又判決他某些行政命令違憲，宗教界也來攪局，他被逼著走向「平衡預算」。你們知道造成什麼影響嗎？

一九三七年，歷史上發生了所謂的二次衰退（Double-dip），美國華爾街股市再次崩盤。第二度的崩盤導致美國失業率回到12％；其次，好不容易已經穩定許多的全球經濟又再度震盪一次。就好像已經發生一次大地震，假設是芮氏規模九，再來一次規模七或八，建築物就倒得一塌糊塗。

希特勒在一九三三年時已經上台出任德國總理，但希特勒揮軍進波蘭是一九三九年。日本在一九二九年大蕭條以後深受打擊，大概是一九二九年、進入一九三〇年左右開始興起日本軍國主義，一九三一年占領中國東北三省。我常常問很多人：「有沒有想過為什麼日本人那麼無聊？在東北三省自一九三一年已經待了那麼久，幹嘛在一九三七年發動七七事變？」如果把全世界的歷史及經濟連結起來，答案之一就是因為美國的二次衰退，它使日本的失業率更嚴重，也使德國的經濟問題更嚴重，失業率暴增至44%。於是他們的軍事力量對外侵略、發動戰爭，才能解決國內的短缺問題。

即使羅斯福如此風光的連任，但是一些錯誤觀念掣肘了他，使得失業率又回到12%，也使世界又進入一個更大、更極端的不安。接著，後面的答案就是間接促成了二次世界大戰，數千萬人的死亡與屠殺。

第六講

美國意外嚐盡二戰甜頭

羅斯福風光的連任卻無法擋住大法官憲政制度的掣肘，他的受制也影響日本軍國主義更加猖狂，希特勒更為囂張。珍珠港事件後，美國終於向日本宣戰，四天之後全面對德、義宣戰。

羅斯福在他競選第二任總統時，曾經說過這麼一段話：

我覺得，一個人第一次出任總統，是自私和追求權力兩股力量在抗衡。我一方面自私的追求我的權力，另一方面，我也在替國家找出一個方向，我在這兩部分求平衡。可是第二任，我應該獨立自主，不受束縛，按照我的理想全力以赴。

結果，反而他第一任時按照了他的理想全力以赴，第二任期被美國當時老百姓、國會的觀念，還有大法官憲政制度所掣肘，受到了束縛。他這一摔跤，影響了全球好不容易剛剛復甦的一點幼苗，又被火燒起來了。日本軍國主義更猖狂，希特勒更囂張，漸漸進入二次世界大戰的前奏。

歐洲部分，一九三九年九月一日歐洲戰爭爆發，在戰爭爆發之前，其實羅斯福本來想要援助在德國受迫害的猶太人，但美國人不同意。到一九三九年，發生各種反猶太的事件，還有德國入侵波蘭，美國人會覺得，這可能對我們造成威脅，我們或許不可能再自我孤立、隔岸觀火，但仍然沒有形成主流民意。根據當時一項蓋洛普民意調查，8％的美國人支持同盟國，只有2％的人支持納粹；可是問他們要不要捲入這次歐洲戰爭，90％美國人說不。今天我們所熟悉的世界警察，在二次世界大戰之前是不存在的，美國眼看著納粹在整個歐洲連戰皆捷。你就知道，美國那種不想捲入戰爭的民意多麼的深入人心，幾乎變成在每一個人的血液細胞裡流動。

然而，羅斯福對於國際事務的看法不一樣。其實從第一次世界大戰以後，他看到威爾遜總統支持國際聯盟卻被國內批評，就也很想找各種理由來反對國際聯盟，可是他想破頭卻想不出理由。在那個年代。羅斯福很感慨的說：「我們就算中立，也不應該不聞不問吧？」可是他拿這樣的美國一點辦法都沒有，唯一能做的一件事情，就是敦促國會，廢止第一次世界大戰後禁止軍火出售的規定，也就是可以賣一些軍火到歐洲去。其中，美國出口比44％都賣到英國。

從一九三九年到一九四〇年春天，經過幾個月的觀戰，德國已經在很短的時間裡不只是打下了奧地利、波蘭，一路打到了北歐，征服丹麥；征服了東歐，打到北歐了。此時，英國人才從幻想和夢中驚醒，但美國人仍然置身度外。

全英國開始恐慌了，因此邱吉爾出任首相。德國在歐洲大陸勢如破竹，這情形一直到一九四〇年九月，眼看希特勒下一個目標就是英國。美國和英國有一種特殊關係，但美國人普遍厭戰，他們深信正是因為一次大戰美國沒有介入，才有超越英國、成為世界第一的歷史。面對反戰的民意，羅斯福採取一項大膽的措施：他以總統的行政命令權，把五十艘服役已久但還可以用的驅逐艦以退役為由送給英國，交換可以租借英國在海外的海軍基地。

1939 年，羅斯福與首度訪美的英國國王喬治六世與伊莉莎白公主會面

一九四〇年，又時逢美國總統大選，羅斯福在這一刻面臨抉擇。過去的慣例，總統連任兩屆就不選了，可是他覺得為了歐陸戰爭，他必須參選。他知道大多數美國人民並不了解，美國人不可以把自己置於國際事務之外，他必須用個人的聲望來領導這個世界，所以他決定競選第三任。那時候的美國憲法沒有禁止競選第三任或第四任總統；直到一九五〇年，美國才通過新的憲法修正案第二十二條，美國總統任期最多連兩任。

我剛才提到，羅斯福想解決歐洲事務，他覺得只有他可以做得到，但當時他根本沒意識到這即將成為第二次世界大戰。

其實人處在二次世界大戰中，都還未必意識到這就叫做二次世界大戰。

當時的羅斯福說：「我好幾個夜晚都躺著想，自己問自己，身為美國的三軍總司令，是否有權力呼籲美國人，自我訓練為國家效勞，然後拒絕一己之私呢?面對危難，每個人都不應該逃避應負的責任。」但是他自己也知道，在那一刻並不容易。其實他對於選第三任，自己也常常處於搖擺之中，沒有那麼堅定，他曾說：「有一部分的我很想退休，回到海德莊園。」也就是回到他出生的羅氏大宅，寫寫回憶錄。可是他的良知不允許，所以這次他仍然出來競選了。當然，輿論的批評就大了，批評者認為他不該打破慣例，世界大戰干美國人什麼事情；連他曾經在大蕭條時期史無前例的在田納西河谷設立管理局，成立一間水力發電公司，等於是美國第一次有國營事業，也被拿出來批評是左翼，或說這就叫做官僚作風。

選舉的結果，羅斯福還是連任了，得票數是二七二四．四萬張，和他競爭的共和黨候選人叫威爾基（Wendell Lewis Willkie），他的得票是二二三〇．五萬張，美國人打破總統連任兩屆的傳統，讓羅斯福繼續領導，可是贏的票數就沒有第二次連任時這麼多。這說明了其實大多數老百姓未必知道自己所面臨的危險是什麼；其次老百姓容易很厭煩一個人，我們都已經看了你八年，我還要再看到你？——這當然是老百姓的一種天性。「所有的英雄都會令人厭煩。」這是一位很有名的歷史學家保羅．甘迺迪（Paul Kennedy）所講的話。

美國國內本來還為羅斯福勝選問題繼續吵，但是吵到一九四一年，突然沒什麼人再吵下去了；因為美國已經變成民主國家的兵工廠，利用了租借法案，將飛機、坦克還有其他用品送到英國。簡言之，美國從歐陸的戰爭開始嘗到甜頭，發現了一門好生意。那時中國也開始因為抵抗日本侵略獲得美國的援助，貸款達到五百億美元。同時，羅斯福凍結德國、義大利這些法西斯國家在美國所有的存款以及信用，接著日本也被列入凍結的對象。羅斯福和英國首相邱吉爾兩人會晤，共同發表《大西洋憲章》，宣稱確保世界遠景更美好的共同原則——可是請注意，即便如此，美國仍然沒有參戰。

歐陸戰爭打到英國時，美國出口大增，失業率開始大降。美國人突然在那一刻發現一件鬼魅般的事，原來支持其他的國家打仗，變成軍工廠，可以解決美國大蕭條的問題——這是之前他們從沒想到的，他們只想著如何避免捲入戰爭。但這件事情很重要，因為這使得美國後來出現「軍工複合體」，他們發現

1941 年，羅斯福與邱吉爾進行祕密會談

此事實在太穩賺不賠了。美國第一次嘗到甜頭是在第二次世界大戰，許多人難以想像，包括最優秀的經濟學家。等二戰快結束、一九四五年的時候，美國的失業率只有1.2%。從一九四〇年的10%，短短四年之內降到1.2%，幾乎達到充分就業。所以經濟及歷史學家稱第二次世界大戰挽救了美國的大蕭條。

珍珠港事件後兩天，羅斯福在「爐邊談話」發表演說

美國什麼時候開始參戰？一九四一年十二月七日，一個禮拜天的上午，日本海軍偷襲夏威夷珍珠港，美國才參戰。一九四一年十二月十一日，也就是事隔四天，美國國會在德國和義大利向美國宣戰之後，通過決

議，全面參戰。所以美國不只因為珍珠港事件向日本宣戰，再隔四天，也是直到德、義向美宣戰，美國才向德國跟義大利宣戰，它是被動的。由於是被動的，這才扭轉了美國大多數人不要捲入戰爭的心情。你不想捲入，但別人打到你家門口了，美國人愛國心全面起來了。

一九四二年起，美國雖然感受得到戰爭的氣氛，肉類、咖啡、汽油、香菸也開始實施配給，但失業卻不見了。美國的勞動人口創下五四五〇萬工人就業的新紀錄，從一九四〇年七月到一九四五年五月八日，美國的工廠、船塢總共生產三十萬架飛機、八萬六千輛坦克、三百萬支機關槍、七萬一千艘軍艦。要製造軍艦、機關槍就要使用鋼鐵、鋁、各種螺絲等，你可以想像這是多麼大的一條生產鏈。所以美國失業率降到最後，只有1.2%。

珍珠港事件後，羅斯福明白自己當時決定參選第三任總統，是完全正確的事。他對日本宣戰的演講，是美國史上一場歷史性的演說：

> 昨天，一九四一年十二月七日——它將永遠成為國恥日——美利堅合眾國遭到日本帝國海空軍預謀突擊。美國當時與該國處於和平狀態，

左：1941 年 12 月 8 日，羅斯福簽署對日戰爭宣言
右：1941 年 12 月 11 日，羅斯福簽署對德抗戰宣言

而且應日本的請求，仍與其政府和天皇進行對話，以維持太平洋的和平。

昨天日本對夏威夷群島的進攻使美國海陸軍部隊遭受重創。我沈痛的告訴各位，很多美國人喪失了生命。此外，據報告，美國船隻在舊金山和夏威夷的公海上亦遭到魚雷襲擊。

做為陸海軍總司令，我已指示採取一切措施進行防禦。我們整個國家都將永遠記住這次日本對我進攻的性質。不論要用多長的時間才能戰勝這次預謀的侵略，美國人民與正義之師必將贏得澈底勝利！

就這樣，美國開始參與世界大戰。自從美國參戰之後，世界上最重要的國際政治人物三巨頭，就是羅斯福、邱吉爾和史達林。

為什麼沒有戴高樂？首先，戴高樂和羅斯福的關係並不好，但他和邱吉爾的關係很好；其次，法國已經亡國，維琪政府根本是希特勒的傀儡。戴高樂依靠邱吉爾對他的支持，成立「自由流亡政府」，組織地下游擊隊，但那不是一個國家的正規軍。雖然最後同盟國最重要的諾曼第登陸，是在法國，可是戴高樂的角色並不多。在美國參戰後，國際秩序主要是由三巨頭來討論二次世界大戰過程，以及之後的戰略、條件交換和國際秩序，這裡頭包括《雅爾達密約》等。

這三個人的特質是什麼？著名的歷史學學家維克托．謝別斯琛在他的《一九四六：形塑現代世界關鍵》（Vector Sebastian, 2016）裡寫了有關三巨頭的事情。他說羅斯福、邱吉爾、史達林基本上是平起平坐，史達林也認為這兩個人才是和他們談判的主要對手，史達林個人後來相當鄙視小羅斯福的接班人杜魯門，他還說杜魯門是「聒噪的雜貨店老闆，沒什麼腦筋」，然後對接任邱吉爾的新首相艾德禮是「無能，一個不懂得如何使用權力的傻子」，他搞不懂像邱吉爾這種這麼高水平跟高超本事的人，英國人怎麼會在一九四五年七月的大選裡把他搞下來。最後他說了一句名言：「**資產階級的民族主義，就是一個瘋狂的主義。**」

一九四六年二次大戰結束時，打贏二戰的三巨頭中，沒有等到希特勒自殺，小羅斯福先死了；邱吉爾是在二次大戰結束，甚至還沒有完全結束，日本人都還沒投降，只是希特勒自殺以後不到三個月，就被英國人趕下台；所以，三巨頭只剩史達林還在位。史達林的腦筋很好，常閱讀俄羅斯、歐洲還有美國的歷史，他特別稱讚羅斯福「聰明絕頂」。

三巨頭——邱吉爾、羅斯福、史達林於雅爾達會議

著名的記者安東尼‧亞當（Anthony Adam），在二戰末期也提到這三個人的特色。他說，如果看首席談判人，史達林是第一人選，這也解釋為什麼在《雅爾達密約》之後，二次大戰的時候，俄羅斯談到的條件是最好的。他們說史達林從不暴衝，連受驚的情況都很少見，他會借用巧妙的手法得到自己要的，卻又不讓人家發現他頑固、不可理喻。從雅爾達寫給妻子的信裡頭，史達林也是三個巨頭裡頭，最讓人家覺得很特別的，他們說他坐在那裡，頭一個半小時左右一句話都不說。我們常說所以沈默的人最可怕，史達林就是這樣一個例子：不講話，不發一語，沒有人請他發言，他也不在乎。

羅斯福呢？記者安東尼描述他總是很激動；邱吉爾常常以低沉的嗓音講話；但是喬大叔——就是指史達林，只是坐在那裡，靜靜的傾聽，顯然對大家的談話都很開心，終於插上話的時候，他沒有任何空泛的字眼，字字切中要害之外，很快的就拿到他所要的東西。——當時參與談判的一些人後來變成記者，後來又變成歷史學家書中所撰寫的內容。我們在此只能引述他們的敘述，但也看到好像活靈活現的狀況。

在第二次世界大戰中非常重要的一九四四年六月六日，這是二戰最關鍵的一天，盟軍在艾森豪將軍的領導下，於法國的諾曼第登陸成功，之後連連勝利；八月二十五日，解放巴黎；然後一九四五年三月七日，盟軍越過萊茵河，直接威脅了德國；四月三十日，希特勒自殺。但在希特勒自殺之前，羅斯福總統卻因為腦溢血的意外，已經先走了。

最後，我們來回憶一下一九四四年六月六日，羅斯福對全世界宣布諾曼第登陸的演說：

親愛的美國人民：

昨晚，我跟大家提到羅馬被攻陷時，我了解到，與此同時，美軍與其盟友軍隊正在跨越海峽進行一場更偉大的行動，目前為止，行動取得了成功。

在這個緊張的階段，請與我一起為他們（士兵）祈禱。

全能的上帝啊！我的士兵，祖國的驕傲，為了保衛我們的國家、宗教與文明，並把人性從災難中解救出來，登陸日便開始了他們一段艱難的旅程。

第七講

永遠為被遺忘的人努力

羅斯福在二戰後期，以絕對高票四度連任，美國人民相信只有他能夠帶領全世界結束戰爭。遺憾的是，他等不及希特勒自殺，盟軍大勝就意外病亡；聽到他死亡的噩耗，美國人民莫不嚎啕大哭。

不管你的一生平淡無奇還是精彩絕倫，不管你有志難伸還是有豐功偉業，所有人都會走到最後一天。羅斯福的第一任總統贏得很順利；第二任雖然贏得漂亮卻做得很辛苦；第三任更是顛顛簸簸；他的第四任任期絕對是眾望所歸，但唯一的爭議就是他的身體是否能夠勝任？

面對戰爭，羅斯福的領導方式是很有前瞻性的，他主張籌辦國際組織、成立聯合國，他更在一九四四年召開布列敦森林會議，讓美元變成世界通用的貨幣，這些主張影響全球，至今鞏固美國至高無上的地位。這些「偉大美國」的主張，連共和黨都很支持他。但他的身體真的承受不住了。

如果翻閱當時的照片，可以看到一九四四年羅斯福總統的臉上已經露出疲態，當時他才六十二歲，卻已歷盡滄桑。他先是遭逢經濟大蕭條，又面臨國內頑強抵抗他的新政。然後再次挽救二次經濟衰退，參戰二次世界大戰，但他已經力不從心。一九四五年一月十日，第四任總統就職典禮上他發表演說時，他看起來相當憔悴。他接受訪問時說：「我內心深處一直想回到哈德遜河谷的老家。」其實，從他得了小兒麻痺症開始，就不斷的告訴大家他的心願。可是時代、大環境，或者他心裡不想被小兒麻痺症打敗，讓他還是硬著頭皮說：「如果人民命令我，我會像一名好軍人再次為國效勞。」

當時的他已經有很深的眼袋了，手有一點顫抖，但這些都不是問題。當全球到處都是災難的時候，美國的大衰退奇蹟般的結束，美國人因此開始了後來我們所熟悉的全球主義。一九四四年底，在那一場包括戰場上的軍人都參與的大選中，有四千八百多萬人投票給他，羅斯福史

1945 年 1 月 20 日，羅斯福總統在白宮門廊上發表簡短的第四任就職演說，呼籲和平

無前例的獲得三千六百萬選民支持，比他在第二任、第三任都多。當時共和黨派出的候選人是杜威，羅斯福在選舉人團拿到四三二張票，杜威只拿到九十九張。

二次大戰期間，羅斯福總統的行政命令大多數都是具非常宏觀性的大經濟主張。他第一個主張就是希望美元變成世界貨幣；第二個是讓人民都有接受良好教育的機會，他看到一九〇〇年美國靠一堆童工讓經濟崛起，認為美國將來要再發展，必須讓大多數人都受教育。其次，他提出人人享有賴以溫飽的工作權利，農民有種植及出售作物品賴以維生的權利；年邁、殘疾、失業者有被保護的權利。他知道二次世界大戰讓美國變成全世界的軍工廠，但這只是一個僥倖的短期現象，美國必須有更長遠的規畫，特別是在教育。

在美元成為世界貨幣上，他讓美國從此所向無敵；但在教育上，他的平等教育主張來不及實現，美國戰後教育完全走向商業機制，而且過多無效的大學，缺乏有效率的技職教育。學生畢業後，背負龐大的學貸，至今都成為美國的痛及不可挽救的體制錯誤。這整整誤了美國超過七十年，這應該是羅斯福若地下有知最大的遺憾。

一九四五年四月十二日，羅斯福剛剛從雅爾達和邱吉爾、史達林開完會回來，覺得很累、很疲倦。他以為又是小兒麻痺症的後遺症，使他的血液循環不好，所以他從雅爾達直接飛到喬治亞的溫泉郡休息。之後，因腦溢血病逝。

我手中有一張《紐約時報》當時在頭版全版報導羅斯福過世的消息：

President Roosevelt is dead; Truman To Continue Policies; 9th Crosses Elbe, Nears Berlin.

下面寫著羅斯福的生卒年，一八八二至一九四五。這段話包含很多訊息，第一個就是羅斯福死了；第二個，杜魯門接了他的位置，會繼續執行他的政策；第三個就是談到二次大戰相關的進展。

那時候，有一位老百姓寫了一張卡片到白宮，現在還被保留下來。他寫道：「羅斯福是我所認識的人當中，從未有過恐懼的人。老天啊！為什麼要奪走他的生命？」

羅斯福逝世前一天的留影

"All the News That's Fit to Print"

The New York Times.

LATE CITY EDITION

VOL. XCIV...No. 31,866. NEW YORK, FRIDAY, APRIL 13, 1945. THREE CENTS

PRESIDENT ROOSEVELT IS DEAD; TRUMAN TO CONTINUE POLICIES; 9TH CROSSES ELBE, NEARS BERLIN

U. S. AND RED ARMIES DRIVE TO MEET

Americans Across the Elbe in Strength Race Toward Russians Who Have Opened Offensive From Oder

WEIMAR TAKEN, RUHR POCKET SLASHED

Third Army Reported 19 Miles From Czechoslovak Border—British Drive Deeper in the North, Seizing Celle—Canadians Freeing Holland

By DREW MIDDLETON

PARIS, April 12—Thousands of tanks and a half million doughboys of the United States First, Third and Ninth Armies are racing through the heart of the Reich on a front of 150 miles, threatening Berlin, Leipzig and the last citadels of the Nazi power.

The Second Armored Division of the Ninth Army has crossed the Elbe River in force and is striking eastward toward Berlin, whose outskirts lie less than sixty miles to the east, according to reports from the front. [A report quoted by The United Press placed the Americans less than fifty miles from the capital.] Beyond Berlin the First White Russian Army has crossed the Oder on a wide front and a junction between the western and eastern Allies is not far off.

[The Moscow radio reported that heavy battles were raging west of the Oder before Berlin, indicating that Marshal Gregory K. Zhukoff had launched his drive toward the Reich's capital. The Soviet communiqué announced further progress by the Red Army forces in and around Vienna.]

Paris is wild with excitement tonight. A special edition of the newspaper France-Soir carries a report by the radio station "Voice of America" that places American forces fifteen and five-eighths miles from Berlin after an airborne landing that had linked up with Lieut. Gen. William H. Simpson's forces advancing eastward from the Elbe. This would put American forces only seventy-five miles from the Red Army vanguard.

No Confirmation at Headquarters

There was no confirmation of this report at Allied Supreme Headquarters, which by its own

OUR OKINAWA GUNS DOWN 118 PLANES

Japanese Fliers Start 'Suicide' Attacks on Fleet, Sink a Destroyer, Hit Other Ships

By W. H. LAWRENCE

GUAM, Friday, April 13—Japanese attempting to halt the American march to Tokyo, have started "desperate, suicidal" aerial attacks upon our ships and men in the Okinawa area, losing 118 planes on Thursday alone, Fleet Admiral Chester W. Nimitz announced today.

The Japanese succeeded in sinking a destroyer and damaging several other surface units, the communiqué said. All of the damaged

Franklin Delano Roosevelt

1882-1945

SECURITY PARLEY WON'T BE DELAYED

War News Summarized

FRIDAY, APRIL 13, 1945

LAST WORDS: 'I HAVE TERRIFIC HEADACHE'

END COMES SUDDENLY AT WARM SPRINGS

Even His Family Unaware of Condition as Cerebral Stroke Brings Death to Nation's Leader at 63

ALL CABINET MEMBERS TO KEEP POSTS

Funeral to Be at White House Tomorrow, With Burial at Hyde Park Home—Impact of News Tremendous

By ARTHUR KROCK

WASHINGTON, April 12—Franklin Delano Roosevelt, War President of the United States and the only Chief Executive in history who was chosen for more than two terms, died suddenly and unexpectedly at 4:35 P. M. today at Warm Springs, Ga., and the White House announced his death at 5:48 o'clock. He was 63.

The President, stricken by a cerebral hemorrhage, passed from unconsciousness to death on the eighty-third day of his fourth term and in an hour of high triumph. The armies and fleets under his direction as Commander in Chief were at the gates of Berlin and the shores of Japan's home islands as Mr. Roosevelt died, and the cause he represented and led was nearing the conclusive phase of success.

Less than two hours after the official announcement, Harry S. Truman of Missouri, the Vice President, took the oath as the thirty-second President. The oath was administered by the Chief Justice of the United States, Harlan F. Stone, in a one-minute ceremony at the White House. Mr. Truman immediately let it be known that Mr. Roosevelt's Cabinet is remaining in office at his request, and that he had authorized Secretary of State Edward R. Stettinius Jr. to proceed with plans for the United Nations Conference on international organization at San Francisco, scheduled to begin April 25. A report was circulated that he leans somewhat to the idea of a coalition Cabinet, but this is unsubstantiated.

Funeral Tomorrow Afternoon

It was disclosed by the White House that funeral services for Mr.

TRUMAN IS SWORN IN THE WHITE HOUSE

Members of Cabinet on Hand as Chief Justice Stone Administers the Oath

By C. P. TRUSSELL

WASHINGTON, April 12—Vice President Harry S. Truman of Missouri, standing erect, with his sharp features taut and looking straight ahead through his large, round glasses, became the thirty-second President of the United States in a ceremony lasting not more than a minute in the Cabinet Room of the White House at 7:09 o'clock tonight.

The oath was administered by Chief Justice Harlan F. Stone two

《紐約時報》關於羅斯福逝世的報導

羅斯福過世的時候人在溫泉郡。他身旁有一位女祕書叫露西，是當年他當海軍部副部長時的祕書。因為她信奉天主教，即使羅斯福跟妻子伊蓮娜離婚，她都不能夠嫁給離過婚的男人。在羅斯福夫人心中，這段婚外情大概只持續了一年，直到羅斯福在溫泉郡過世時，伊蓮娜才知道她本來以為的並非如此。露西當時就在他的身邊。她對羅斯福的崇敬，羅斯福對她的愛，讓美國人、甚至包括羅斯福夫人，都不太用倫理道德來看待這件事情。

羅斯福夫人曾經被稱為第一夫人，不只是美國的第一夫人，是歷史上最受尊崇的第一夫人。羅斯福念哈佛大學時為什麼娶伊蓮娜為妻？因為他們有共同的信仰，這可能跟他所需要的陪伴和愛情並不完全相同。伊蓮娜在那個時刻，杜魯門已立即依憲法宣誓就任總統，她仍住在白宮沒搬出去，她非常有教養的詢問杜魯門總統：「我急著想去溫泉郡，我可以用空軍一號嗎？」杜魯門說：「你不要拘謹於這種小事情。」

羅斯福的遺體以鐵路先從喬治亞的溫泉郡運回華府，接著在盛大的國葬儀式中，再護送回去他一直念茲在茲、想回又回不了的老家海德莊園。他的靈柩離開白宮時，群眾佇立在兩旁送行，每一分每一秒都有民

在海德公園所舉行的羅斯福葬禮

眾哭泣。當他們的眼睛看到羅斯福的靈柩運到面前時，才確信羅斯福真的走了！有些人甚至忍不住嚎啕大哭。

羅斯福的遺體移出喬治亞的溫泉郡時，非常多人佇立在那個地方默哀。那是一家復健中心，羅斯福花了三分之二的財產把它買下來，開放給全美國所有小兒麻痺症患者使用。他不會覺得「我是富豪，我是貴族，我不要跟你們這些人共用相同的溫泉水」——他不是這樣的人。這是羅斯福令人覺得最精彩的地方，**他一輩子沒有缺過錢，也一輩子理解社會上被遺忘的人。**

羅斯福是在三十九歲時罹患小兒麻痺症，當時是一九二一年，小兒麻痺症疫苗還沒有被發明，直到一九五五年，發明的人是沙克博士（Dr. Jonas Salk）。一九五九年，沙克博士在羅斯福夫人的陪同下，來到溫泉郡的小兒麻痺中心。沙克博士說：「謝謝這麼多年來，你及你的先生，以豐厚的財產、強大的權力協助這群被世界永久遺忘的人。是你們一直鼓勵著我，使我從事我的醫學研究。」

有一位撰寫羅斯福傳奇的作者，在書中形容羅斯福是一隻獅子、狐狸。他說羅斯福的活力、勇氣，令人佩服；但是更令人佩服的是，他擁

羅斯福與妻子伊蓮娜一同葬於海德公園家中的玫瑰花園

有歷任美國總統至高無上的殊榮與愛戴。他沒有為自己、沒有為他的家族謀任何利益，他也沒有濫用他的權力，也沒有酬庸部屬親信——雖然這也是有些民主黨員對他有一點微詞的理由。可是美國在他的領導之下，也在時代的演變之下，終於成為現今世界不論在經濟還是國際政治中永遠第一的強國。

羅斯福至今被認為是美國歷史上最偉大的總統之一，另外一位被公認最偉大的總統是林肯。

從一九三三至一九四五年，羅斯福的總統任期長達十二年，但他的時代始終如此緊迫。很多關於羅斯福生活豐富的檔案紀錄，大多是摘自其他人或是一些短短的書信，對於他的研究其實不夠多。但是有一段話，我想告訴大家，來做為羅斯福第七講的結尾：

「總統先生，你是左派嗎？」

他說：「我不是！」

「總統先生，你是資本家嗎？」

「我不是！」

「總統先生，你是社會主義者嗎？」

「我不是。」他說。

「那你是什麼？」

「我是在乎人民的人。」

圖片來源

Alamy：P.64、P.121、P.159、P.162、P.168、P.177、P.186、P.231、P.235、P.282、P.292、P.298

美聯社：P.108、P.247、P.269、P.271

達志影像：P.251

維基共享：P.13、P.15、P.19、P.21、P.26、P.34、P.45、P.52、P.54、P.56、P.76、P.84、P.87、P.91、P.99、P.101、P.102、P.107、P.110、P.112、P.117、P.123、P.127、P.128、P.129、P.133、P.135、P.136、P.139、P.141、P.144、P.145、P.148、P.152、P.154、P.156、P.161、P.167、P.175、P.180、P.181、P.183、P.190、P.193、P.195、P.199、P.201、P.205、P.207、P.208、P.213、P.220、P.224、P.225、P.227、P.232、P.233、P.241、P.242、P.249、P.253、P.254、P.257、P.260、P.265、P.278、P.281、P.284、P.287、P.295、P.296、P.300

羅展鵬：P.11、P.125

文茜說世紀典範人物

不帶虛名的外衣走天涯——
邱吉爾、戴高樂、羅斯福

作　　者　陳文茜
總監暨總編輯　林馨琴
資深主編　林慈敏
編務執行統籌　楊伊琳
行銷企畫　陳盈潔
封面圖片　羅展鵬、維基共享
內頁圖片　維基共享、達志影像
封面設計　ayen
內頁排版　賴維明

—

發行人　王榮文
出版發行　遠流出版事業股份有限公司
地　　址　臺北市中山北路一段 11 號 13 樓
客服電話　02-2571-0297
傳　　真　02-2571-0197
郵　　撥　0189456-1
著作權顧問　蕭雄淋 律師

—

2021 年 04 月 01 日　初版一刷
2021 年 05 月 16 日　初版四刷
新台幣 380 元（如有缺頁或破損，請寄回更換）

—

ISBN　978-957-32-9009-4

—

遠流博識網　http://www.ylib.com/
E-mail　ylib@ylib.com

—

本書版稅收入全數捐贈台灣國際音樂家協會

文茜說世紀典範人物 不帶虛名的外衣走天涯——邱吉爾、戴高樂、羅斯福 / 陳文茜作 . -- 初版 . -- 臺北市 : 遠流出版事業股份有限公司 , 2021.04
面；　公分 . -- (文茜說世紀典範人物)
ISBN 978-957-32-9009-4(平裝)

1. 邱 吉 爾 (Churchill, Winston, 1874-1965)
2. 戴 高 樂 (Gaulle, Charles de, 1890-1970)
3. 羅斯福 (Roosevelt, Franklin Delano, 1882-1945)
4. 傳記

781　110003426

國家圖書館出版品預行編目（CIP）資料